产品之光

从0到1教你做产品经理

Kevin（张晋壹）著

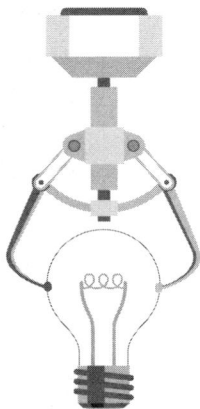

电子工业出版社

Publishing House of Electronics Industry

北京·BEIJING

内 容 简 介

本书是作者从产品助理到产品负责人过程的经验总结，包含了产品经理在工作中所使用的工具、需要具备的各种能力，以及一些运营类和 B 端产品案例。

工作中存在"非典型产品经理"的说法，你在学习了很多案例后可能会认为产品经理有很多工作场景和方法论，但是在自己的具体工作中可能只会用到某一个案例。如果你希望知道产品经理在工作中会有哪些特别的发光点，那么相信你可以在本书中找到答案。

本书适用于有 1～3 年工作经验的产品经理或正在转型的产品经理。

图书在版编目（CIP）数据

产品之光：从 0 到 1 教你做产品经理 / Kevin 著. —北京：电子工业出版社，2019.5
ISBN 978-7-121-29518-8

Ⅰ . ①产… Ⅱ . ①K… Ⅲ . ①企业管理－产品管理 Ⅳ . ①F273.2

中国版本图书馆 CIP 数据核字（2019）第 050905 号

责任编辑：石　悦
印　　刷：北京季蜂印刷有限公司
装　　订：北京季蜂印刷有限公司
出版发行：电子工业出版社
　　　　　北京市海淀区万寿路 173 信箱　邮编：100036
开　　本：720×1000　　1/16　印张：12.75　字数：243 千字
版　　次：2019 年 5 月第 1 版
印　　次：2019 年 5 月第 1 次印刷
定　　价：59.00 元

凡所购买电子工业出版社图书有缺损问题，请向购买书店调换。若书店售缺，请与本社发行部联系，联系及邮购电话：（010）88254888，88258888。

质量投诉请发邮件至 zlts@phei.com.cn，盗版侵权举报请发邮件至 dbqq@phei.com.cn。

本书咨询联系方式：（010）51260888-819，faq@phei.com.cn。

写给读者的话

与产品经理的不解之缘

俗话说："机会总是留给有准备的人"。我在大学的每个暑假里都会和企业合作做策划活动，积累市场推广的项目经验。

在大四时，我们学校对面的中兴通讯股份有限公司湖南分公司招聘产品助理实习生。面试的题目是策划一个校园 App 的推广方案，基于前期与企业合作的一些经验，我只用了几天时间就完成了这套推广方案。当评比的时候，别的参赛者都捧着厚厚的几十页到数百页的市场推广规划，而我拿着一张纸，一张堆满了无数小字、流程的 Excel 表格。最终，我成了学院唯一获得实习机会的学生。

现在看来，这个方案有很多不足之处，但正是由于这次实习经历，我顺利进入了互联网产品圈，而那时我还没有产品的概念、互联网的概念。在做了半年的产品助理实习生后，我对中兴产品团队的办公流程以及这个职位的职责有了新的认知，也期望能够和更多产品人结识，所以下定决心去深圳——互联网氛围极其浓厚的地方。

在实习期结束后，我兼职做销售，回到宿舍继续写代码，也在网上看很多与互联网相关的技术"大牛"分享会。结合自身的沟通能力和技术背景，我发现产品经理是一个能够让我发挥优势的职业。老师们都说："没有去过外面的世界，怎么会形成世界观？"22 岁时，我先去了美国，在接近 1 年的时间里，我一直在尝试发现一些新方向，也在不停地思考自己想要干什么，到底产品经理未来的发展方向是什么，我到底应该怎么做。

我想每个人都有跟我一样的迷茫期，正是这样的迷茫才让我们有机会在某一天顿悟。记得在美国的某一天，我看到了《时代周刊》对乔布斯的评论，其中还介绍了几个伟大的产品经理，我突然顿悟：**原来改变世界的点滴，便是从产品经理出发。**"对，这便是我想要的！改变世界！"当时就像打满了鸡血，我相信很多产品经理都有过我这样的纯真和可爱。

我开始研究产品经理的能力需求，学习用户体验的基础知识，学习原型图设计、思维导图、文档的相关基础知识，还付费参加了一些国外的线上培训课程。

在回国前，我完成了产品原型、产品经理工具、产品基础技能的课程学习，完成了用 Java 语言编写的坦克大战游戏。某一天，我正在宿舍用 Axure 画微信的 demo，同宿舍的美国同学看到后，误将原型认成一个已经上线的程序，室友开通了 Facebook 与家人直播我当初绘制原型的情景，一个美国人很惊讶地说，"This is a simple Facebook! it's a amazing!"现在回想起来，那个时候的我还真的挺满足。

大部分去美国交流的中国学生在空余时间或许都会选择购物或去美国著名景点游玩，而我却选择每天背着一个笔记本电脑，除了健身、喝茶水之外便是在宿舍里敲代码、画原型……

后来，我在腾讯工作期间，制订了一个小目标："记录每天的成长"，每天更新微信公众号文章。

在工作之外，我与几个产品爱好者一起组建了 PMTalk 产品经理社区，我们希望能够建立一个帮助产品经理成长的社区，并让众多产品经理都有机会出来分享，让大家相互学习、一起成长。

本书汇聚了我在产品和运营岗位上的经验和复盘的真实案例，在此要感谢吴轶（美团前交互设计师）、权莉（满帮集团资深产品经理）、高飞（中国电信北京研究院产品专家）、梁婷艳（京东运营经理）给予部分内容的支持。一路走来，我需要感谢很多人，最需要感谢的是我在腾讯工作期间认识的 FIT 金融市场页面重构组组长李华山，他在我的产品经理成长过程中给了很多建议，还要感谢为本书撰写推荐语的各位大咖和我的一些职场导师。

目　　录

第 1 章　产品经理的必经之路

1.1　产品经理必备的基础能力

如果没有产品经理经验要转行做产品经理，就只能从产品实习生或产品专员做起，我们结合图 1.1.1 的招聘信息，介绍一下产品实习生需要具备的能力。

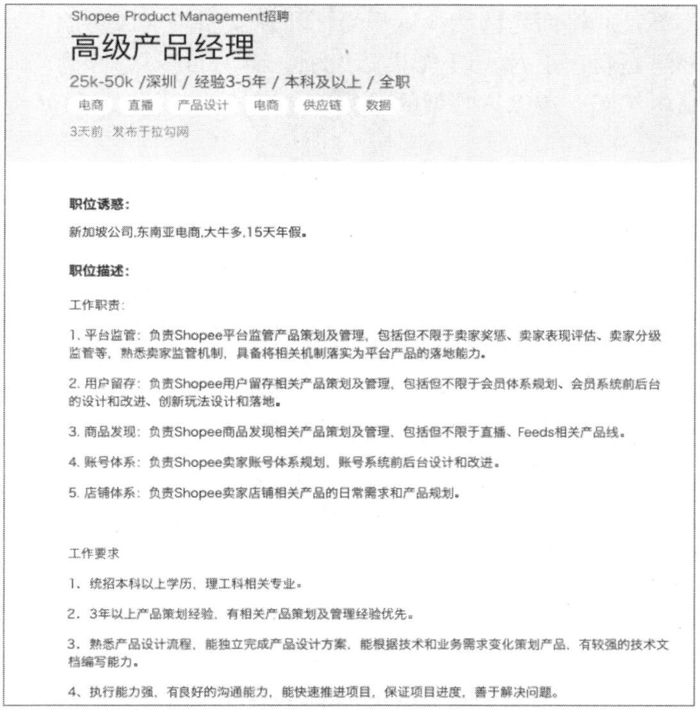

Shopee Product Management招聘

高级产品经理

25k-50k /深圳 / 经验3-5年 / 本科及以上 / 全职

电商　直播　产品设计　电商　供应链　数据

3天前　发布于拉勾网

职位诱惑：

新加坡公司,东南亚电商,大牛多,15天年假。

职位描述：

工作职责：

1. 平台监管：负责Shopee平台监管产品策划及管理，包括但不限于卖家奖惩、卖家表现评估、卖家分级监管等，熟悉卖家监管机制，具备将相关机制落实为平台产品的落地能力。

2. 用户留存：负责Shopee用户留存相关产品策划及管理，包括但不限于会员体系规划、会员系统前后台的设计和改进、创新玩法设计和落地。

3. 商品发现：负责Shopee商品发现相关产品策划及管理，包括但不限于直播、Feeds相关产品线。

4. 账号体系：负责Shopee卖家账号体系规划，账号系统前后台设计和改进。

5. 店铺体系：负责Shopee卖家店铺相关产品的日常需求和产品规划。

工作要求

1、统招本科以上学历，理工科相关专业。

2、3年以上产品策划经验，有相关产品策划及管理经验优先。

3、熟悉产品设计流程，能独立完成产品设计方案，能根据技术和业务需求变化策划产品，有较强的技术文档编写能力。

4、执行能力强，有良好的沟通能力，能快速推进项目，保证项目进度，善于解决问题。

图 1.1.1

1.1.1　沟通能力

沟通分为语言沟通和书面沟通，沟通能力是产品经理必备的能力。产品总监、产品经理每天都有许多工作，你不能在遇到问题时都向他们请示，如果是一两次还可以，经常请示他们则只能体现你沟通能力不足。

1．语言沟通

在实际工作过程中，语言沟通主要分为当面沟通（比如，在评审会上，有问题可以当面与参加会议的人员沟通）和电话沟通（大公司基本上都会给每个人配备电话，有问题可以直接给对应人员打电话沟通）。

这种沟通方式对快速反应能力、语言组织能力和情绪控制能力要求比较高。所谓的情商便是指调动别人情绪的能力和控制自己情绪的能力。比如，别人之前是忧愁的，你通过言语或者其他方式让这个人变得开心，让他经历情绪上的起伏，这便是调动别人情绪的能力。再比如，你努力克制自己愤怒的情绪，让自己平静，这便是控制自己情绪的能力。

吵架吵得不是对错而是情绪。试想当你和你女朋友（或男朋友）吵架时，有的时候你明知道是自己不对，但你还吵，为什么呢？还不是因为当时在气头上，话赶话赶到那里了吗？所以说吵架的时候不是应该分清楚对错，而是应该安抚对方的情绪。

比如，由于迫不得已的原因，需要在原有的需求上新增需求，在与技术人员沟通时技术人员就"爆"了，"什么？新需求我还没做完，你又要加需求，早干什么去了，不做！！！"，你一听这话也"爆"了，"不做也得做，哼！"然后，你们就吵起来了。

如果你当时能退一步，"我知道再加新需求不对，别说你们反感，我自己都觉得不好意思"，先安抚一下对方的情绪，然后再提出理由："这是一个基本型的需求，如果我们不做，那么后期可能会有大量的用户投诉，况且这个需求也不是特别大的一个需求。如果特别复杂，放心，我肯定就放到下一个版本中了！只是顺便做的事情，咱们能不能在这个版本中就顺便解决了？"如果你这样说，是不是通过的可能性就变大了？！

2．书面沟通

书面沟通分为即时通信软件沟通和邮件沟通。书面沟通的好处是不要求即时反应能力强，但需要具有较强的书面表达能力，尽量用言简意赅的语言把意思表达清楚。不要求即时反应，就具有充足的时间思考，可以想好了再把相应内容发出去。不要随意，如果书面沟通能力都不好，那么怎么能够写产品需求文档呢？！

1.1.2　时间管理能力

我利用业余时间与朋友们做了很多线下分享活动。不少朋友都会问："你如何管理自己的时间？感觉你做了很多事情。"

1．培养良好的习惯

制定小目标并每天坚持完成，如每天要求自己浏览资讯网站、了解热点内容，每天分析一款软件等。通过这些小目标，不断积累知识，我的视野越来越宽广，同时也培养了良好的习惯。

2．不断提醒自己，今天的事情完成了吗

我一般会把记事本放在办公桌的正前方，在显眼的位置提醒自己不要遗忘工作安排。我相信，每个成功的人都有一个习惯是一直在坚持的，这个习惯会影响自身其他的行为与品质。

3．不断反思

当你认为学习或提升自己已经不是现在需要做的事情时，我建议你尽快找一找你身边优秀的人，多和他们沟通。一个圈子会影响你的行为，俗话说："你是什么样的人，决定了你的圈子是什么样的"，应该反思到底自己的梦想是什么、想成为什么样的人、现在自己做了什么、如何利用业余时间让自己再成长。

好的习惯等于好的时间管理，我认为可以从 3 个方面做起：学习、机会、结识产品人脉。

你能做到在工作中有目的地学习吗？在从事产品经理工作的时候，每一个项目都会给新人带来挑战，在挑战中我们会经历一个个波峰和一个个波谷。

每当遇到新的挑战后，我们都会总结复盘，有的人可能不会复盘，而以"印象"的方式存留在脑海里。

对于刚从事产品经理工作的新人来说，最重要的是模仿。只有学会模仿，找到一定的产品规律（如移动端产品常见设计、Web 端产品常见设计），再利用自己的业余时间学习，才能最有效地提升工作能力。

1.1.3　学习能力

作为一个产品实习生，你的实力还不够，需要主动学习，眼里要有活。什么叫眼里有活？例如，同样都是前台，A 在客人来的时候主动端茶倒水，忙前忙后，B 坐在那里连眼皮都不抬一下，需要老板喊才能动，B 就叫眼里没活。一个产品实习生要眼里有活，尽量帮助别人，这样不仅可以锻炼自己的能力，而且在别人眼里你是懂事的，他们会愿意教你。

产品经理需要懂很多知识，包括运营的知识、技术的知识、营销的知识、心理学的知识……如果不学习那么只能使自己缺乏竞争力。互联网的变化日新月异，

比如互联网的风口从互联网金融到直播，再到共享单车，如果不学习将跟不上时代的步伐。

1.1.4　执行能力

为什么有些人看了很多道理，却依然过不好这一生？知易行难！道理都懂，但真正执行的人又有几个？产品实习生对自身的定位便是执行者。在写竞品分析时，是随意贴几张截图，还是把优缺点和相关路径都剖析一遍，输出结论给产品经理？前者叫糊弄，后者叫用心。要记住，你是一个执行者的角色，一定要把任务执行到位，不懂可以问，但是懂了就要执行好。

1.1.5　抗压能力

每个人在面对压力时都会有不安的心理，产品经理不安的是什么？如何保证产品的需求能够 100%地完成，或者能够让沟通的结果是产品经理想要的，从而保证产品开发方向是正确的。归结在一起，不安的原因是怕自己的任务完成得不够好。

在工作中，需求的出现来自版本的迭代或用户的反馈。但在从 0 到 1 的时候，大多数的产品需求来自运营侧或领导的一个紧急需求。在正常的情况下，产品的设计流程为：需求调研—需求评审—原型设计—UI 设计（页面设计）—产品文档—开发—提测。

1．用户体验和资源分配的不安

用户体验的极致感总在产品经理心中。在人员不足或要求产品快速上线的情况下，用户体验往往就不重要了。但是如果目前的 UI 设计和开发人员配置得足够多，有足够的资源供你协调，那么你也可以追求用户体验。

对于移动端 App 来说，用户体验可能围绕是否要做所有机型的适配、是否要帮助用户登录（保存缓存）。产品经理的不安可能是因为需求往往以用户体验为中心，担心在这次产品开发需求完成后，后面的迭代排期不知道要排到什么时候，是不是要等几个月，甚至几个版本。

2．沟通效率的不安

沟通效率对产品经理的工作最重要。文档的及时更新、修正，需求的及时变更，或者某一个需求的暂停，都是沟通中的问题，其中尤为重要的是，在你的沟通已经完成之后，你能否让上级相信你，或者你的上级是否会回访再次沟通需求。

如果突然出现一个从未参与产品设计的人，你能不能让他明白或者通过你的沟通之后让他知道产品设计是合理的，你提出的问题是合理的，甚至这次你考虑的是正确的。

需求往往不能做到100%实现，但在需求的落地过程中，如果团队其他成员提出更好的落地建议或方案，那么可以让需求的实现超过100%，或者把这次没有达到的需求作为优化项继续跟进，而不是放在那里不管不顾。我们要能够正视这些不安，只有抵抗住工作中的压力才能越来越强大！

1.1.6 原型能力

从产品实习生到产品经理，再到产品总监，最后到CEO，职级越高就越不需要画原型了，而需要把更多的时间投入思考。如果你是产品实习生，那么要帮助产品经理画好他需要的原型，要使用 Visio 把需要的流程图画出来。原型能力也是产品经理的必备能力，像 Axure RP、Visio、XMind、PPT、墨刀等工具产品经理都要会用。如果遇到不会的，那么可以利用百度。产品经理使用的这些工具都很简单，很容易上手。

1.1.7 文档能力

在产品经理的工作中，写文档通常占很大的比重，技术人员需要按照文档开发，测试人员需要按照文档测试。如果文档写得不好，则会出现很多问题。文档写得好不好、写得够不够全面很考验产品实习生的逻辑思维能力，语句够不够通顺很考验产品实习生的语言组织能力。写完的文档基本上是思考问题的整个框架，产品实习生在初期可能思考得不全面、语句表达得不通顺，这就要求产品实习生主动学习，只要写得多了，也就写得好了。

1.2 产品经理的职场思考

1.2.1 融入团队业务

谁是我的资源？我在哪里找我的资源？我应该找谁决定我的事情？这些都是刚入职的产品经理需要了解的。

"一个产品经理应该永远都有忙不完的工作。"这是我刚入行时一位领导的话。现在看来，的确如此。当你对你的产品负责到一定的地步，你总会想办法利用一切资源或机会曝光、完善、优化自己的产品。

1.2.2　了解产品

每个新入职的产品经理都需要熟悉产品，必须时刻保持警觉，你可能随时被同事或老板询问当前产品的设计说明。当然，如果有条件的话，我建议新产品经理每天用半个小时熟悉产品，在坚持一段时间后，产品经理就可以时刻清楚自己的产品到底好不好，哪里可以优化。这一切都要从熟悉产品开始。

除了熟悉产品之外，我们还需要了解竞品。对于竞品的了解，竞品分析是最直接的体验。当然，做竞品分析之前一定要明确目的是什么？到底是做产品的竞品分析，还是做与产品相关业务的竞品分析？这是完全不同的产品吗？做竞品分析之前一定要明确某个目的，这样才可以让竞品分析有价值。新产品经理做竞品分析的结论应该来自自己的总结。如果输出一份读者早已知道结局的竞品分析，那么说明目的没有明确，需求没有挖掘深刻。

1.2.3　自己能从哪里做起

产品经理的工作是没有止境的，新入职的产品经理要想清楚自己能够从哪里开始做起，在明确项目、了解产品、完成衔接工作后，就要快速参与产品规划和迭代。

比如，现在自己的产品已经到了什么版本？下一个版本可以怎么改？有没有新的需求？可以结合新需求做版本迭代或优化吗？有没有哪个页面在 1.0 版本中出现了问题？现在可以解决遗留的问题吗？尤其在公司的一个新项目中，产品经理是起主导作用的，既不能闭门造车，又不能都抄袭外部的同类产品，要总结出现阶段存在的缺点，先从解决问题开始入手。如果规划得太多，还不如直接做，就从眼下做起，这便是开始。

1.2.4　数万个产品经理生存的缩影

1. 产品经理 A、B、C 或许是几万个产品经理的缩影

A 是 3 年左右的产品经理，从销售、运营最终转型到产品经理，经历了不同角色的转变。

很多人存在这样的疑惑，产品经理是不是可以管开发、管测试、决定产品什么时候上线？

产品经理是从宝洁公司项目管理中诞生的概念，是随着工作的细分，出现的一个需要统筹项目管理、在互联网行业中获得用户需求、能够对用户调研、负责产品交互、验收与管理产品的职位。

产品经理（Product Manager）是企业中专门负责产品管理的职位，产品经理负责市场调查并根据用户的需求确定开发何种产品，选择何种技术、何种商业模式等。产品经理既要推动相应产品的开发组织，又要根据产品的生命周期协调研发、营销、运营等，确定和组织实施相应的产品策略，以及其他一系列相关的产品管理活动。

A 现在的产品经理工作情况怎么样呢？

因为在创业公司从事电商业务，所以领导给了 A 一个具体的任务。A 开始调研需求、画原型图、组织评审、修改或调整需求、做 UI 设计、开发，在以上流程完成后，一个产品的 1.0 版正式上线。相信不少产品经理正在经历类似的上线流程。这个流程确实是一个标准的互联网产品上线流程。作为一个公司的员工，在得到领导的任务安排或方向后，产品经理需要开始自己的工作，但 A 理想中的产品经理工作方式不是这样的，原因如下：①他感觉领导给的规划完全不靠谱，每次想的方案领导都没同意。②在评审中他感觉自己说得很有道理，但是需求仍然被上级删掉。③设计师每次都把他的原型图大改一番，和他的心理预期差距太大。④测试人员每次都不给验收报告。⑤销售负责人说一个建议或需求不做不行，必须马上做。

类似这样的情况比比皆是，反复发生。在工作中他很无奈，感觉现在的产品经理工作和当初的理想差距太大。在这家公司坚持 3 年了，他在想是不是还要继续坚持。

B 是一名工作两年多的产品经理，他在一家成熟公司的创新部门工作，本来应该有的互联网团队架构不完整。由于项目外包的原因，在产品上线期间，在没有开发人员、设计人员的情况下，公司将除了产品经理以外的人员外包。

他的工作流程也同 A 一样，在工作了两年多后，他觉得产品经理工作很无趣，原因如下：①开发人员、设计人员不能支持所有的需求设计，除了老板的需求外，围绕产品好的需求都不能被支持。②开发人员、设计人员不在自己的公司，属于外包，沟通非常不方便，常常感觉一个人默默画了图后就没事做了，找不到人。③领导不安排任务，自己也不知道如何向领导汇报。

C 是一个上市公司的产品经理。这个公司的团队职位架构清晰，但是公司一直没有存在过产品部门，他来到之后归属于设计部门。在工作了 1 年后，他也不知道自己是不是真的喜欢产品经理工作，不知道自己是不是选错行了，原因如下：①产品部门没有标准，需求出处以设计部门为准，研发人员以设计为准。②评审后的需求随时可能被开发人员、设计人员否决。③上线的产品和自己的需求差距在 3/5 以上，只有 2/5 被成功上线。

2．非典型产品经理现象是普遍的

A、B、C 的情况是不是你曾经遇到过的情况或在你的工作中正在发生的情况？产品经理 A、B、C 属于非典型产品经理，我认为非典型产品经理现象是普遍的。

要想做到理想中的绝对把控，除非自己当老板。

在现在互联网越来越细分的情况下，数据产品经理、产品运营经理、交互设计师、商业化产品经理、算法产品经理都来自产品经理不同的发展，如图 1.2.1 所示。

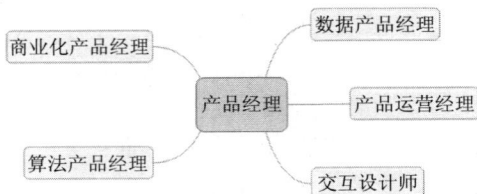

图 1.2.1

在不同的公司中，公司的核心业务、公司的传统基因、每个产品经理会涉及的工作重点并不相同。BAT（百度、阿里巴巴、腾讯）是互联网产品经理的梦想之地，但是它们是否能够做到标准的产品经理工作流程，能够给你足够好的团队氛围呢？

来自 BAT 或者一线互联网企业的产品经理的认识的的确确要高，但高并不代表他们会像乔布斯一样改变世界。我曾经和一位来自 BAT 的朋友聊过，其实和其他产品经理相比，BAT 的产品经理的工作内容与职责和其他企业的差不多。你不能因为现在的工作内容和理想中的不完全一样，就否定你的经验、否定你的价值。你只是数万个非典型产品经理中的一员而已。

3．非典型产品经理参差不齐

和我曾经一起创业的一位同事也是产品经理，当我在公司提出建设数据系统时，他恰恰成了第一个反对者。

我的意见是，在从 0 到 1 期间，就算是冷启动期间，数据的意义与分析至关重要。但他的意见是，目前数据没有意义，应该优先考虑完善产品。

不得不承认，在工作中，我们需要面对产品部门内部的协作、部门与部门的协作。面对参差不齐的产品经理现状，在工作中以怎样的方式磨合显得格外重要。

只有能够区分工作与生活的产品经理，才能走得更远。我们常说，小步快跑、弯道超车。但在今天这个团队协作的互联网工作情况下，产品经理成为推动或促成版本发布快慢的核心因素之一。

4．找到自己的价值

在看过 A、B、C 的案例后，我相信很多人都对自身发展存在疑问。我们常说，不能耽误自己发展的时间，很多人在工作遇到阻碍或者发展缓慢后，应该果断离开现在的团队寻找新的机会。

在工作中，产品经理会遇到下面 3 个尴尬的情况。

第一，虽然是经理，但是没有实权，在工作上却是任务的来源，需要安排相应工作。

第二，对于专业技能来说，产品经理需要懂设计、开发、运营，但是没有设计师、程序员、运营经理理解得深，在工作中又需要和以上人员交涉、沟通，完成工作。

第三，说得多，做得少，待遇还不低。不管是在评审中还是在 Bug 跟踪中，最快的方式当然是直接找相应负责人当面沟通。

产品经理处于以上 3 个尴尬的情况下，更应该找到自己的价值。最好的产品打造，就是打造自己。

1.2.5　产品经理的知识模型

入行产品经理，前期的理论知识是必要的，要从书籍中一点一滴地学习并积累。产品经理需要阅读的书籍如图 1.2.2 所示。这些书籍至少可以让你在沟通中更专业、更容易理解对方讲的专业词。

1.3　产品经理的工作环境

不管是大公司还是小公司，没有好与不好，只有适合与不适合。关于适合，我们既需要考虑公司的方向、对产品的兴趣、团队的氛围，又需要考虑自己在团队中的角色和潜在的发展空间。

1.3.1　公司的业务与团队的氛围是因果关系

当你即将进入一个新的团队或新的公司时，在面试中除了与团队的领导交流之外，其实最核心的是需要考虑当前公司的业务。虽然这并不能以"一"概全，但是一家公司的业务会主导这家公司的团队氛围。

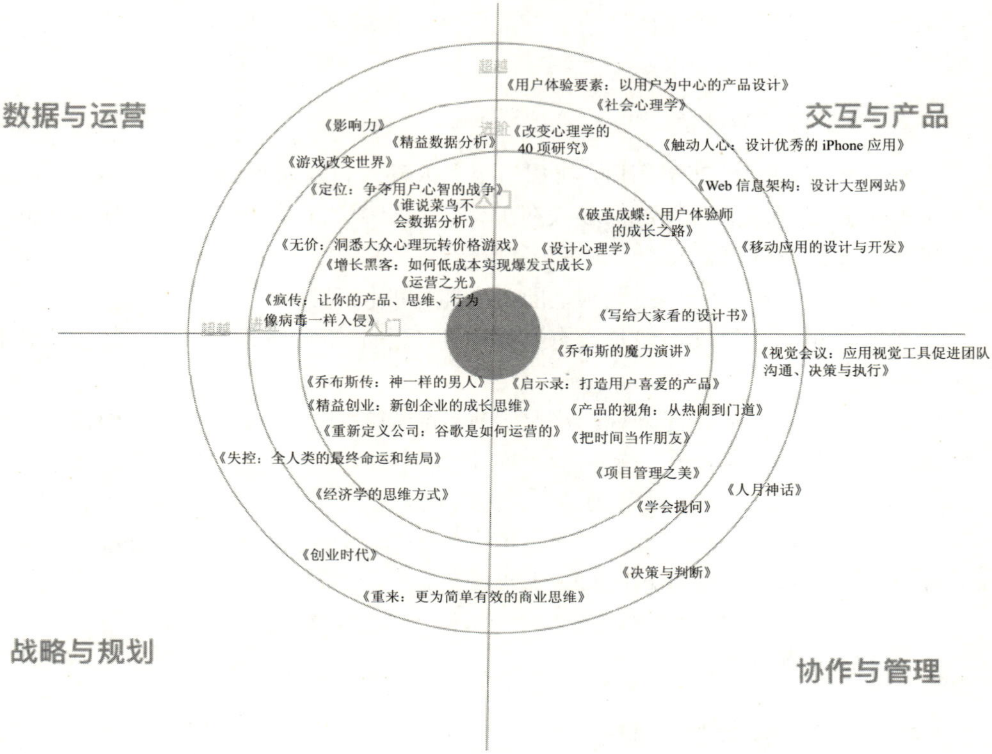

图 1.2.2

1.3.2 对项目团队的认知

在选择新的公司时，可以问对方以下 3 个问题：①公司的需求是自上而下还是自下而上？哪一种情况多？②当前的项目或公司是否赢利？③产品团队的团队情况如何？

从这 3 个问题中，你可以大概知道或了解即将进入的团队是什么情况的？虽然产品经理都希望成为乔布斯那样的人或加入乔布斯那样的团队，但面对理想丰满、现实骨感的职场，你不得不尽可能地为自己争取更多利益。

通过第一个问题可以了解产品经理在团队中的工作情况和位置，答案通常有 3 种：①基本是自上而下的。②有的自上而下，有的自下而上。③完全是自下而上的。

到底哪一个选择更适合你，我相信你心里会有一个答案。如果答案是①，但其是 BAT 公司，想必 70%的产品经理也愿意加入。

　　第二个问题是针对自己当前加入的团队是否"可靠"。

　　这是基本的生存保障，每个产品经理都不想在进入新公司时，碰到公司倒闭。该项目团队处在公司的哪一个部分？是核心战略部门还是边缘部门？其他的就不再赘述。

　　第三个问题是关于产品团队的情况，这个问题与第一个问题有点类似。

　　通过这个问题可以知道当前公司的老板对产品团队的认知和整个产品线的看法。这里可以得到以下几个类型的答案：①有产品总监××，产品经理××个，产品助理××个，但还不完善。②目前产品团队没有人或有 1 个人。③当前的产品团队架构很完善。

　　除了解自己进入团队后所处的位置外，了解产品团队有助于了解未来的工作情况。如果有一个好的产品团队，那么这个项目会更容易产生一些成果，也更利于自己提升。进入一个从 0 到 1 搭建的团队，更需要个人推动整个产品的发展，除个人能力外，你无法知道其他部门的配合情况和当前能够掌握的资源有多少。

1.3.3　产品经理在团队中的工作"地位"

　　在电影《寒战》中，有一个上下级争吵的场景，刘杰辉作为下级敢于指出上级的不足，在上级提出要取消他的工作资格时，他仍然以工作职责为己任，指出领导可能袒护私情，要求领导弃权。

　　在产品经理的工作中，产品经理在团队中或多或少都会有像电影里一样和领导争论需求和产品方向的影子。虽然不像电影那样激烈、紧张、真枪实弹，但对需求或产品的设计甚至产品未来的走向，产品经理可能心里会想："这么做肯定不合理、这么做完全是抄袭别人的、从来没遇到过这样'奇葩'的领导、这么做还是什么互联网产品？这么做……"

　　我相信，每个产品经理都会遇到这样的情形。除了工作中的上下级关系之外，产品经理在不同的团队中所受到的影响也不同。如果你是一名互联网产品经理，在进入一家传统型或传统转型公司后，我相信你会面临工作无法推动的情况。不管是开发部门的强势还是上下游没有足够的资源，这都是由一个团队的基本组成与领导对产品认识等各种因素所决定的，需要一点一滴地改变或者需要第三方资源一起引导团队朝着适合产品发展的方向走下去。不然，你除了无奈之外，还会听到下面这句话："不知道产品经理是干什么的。"或者"我凭什么要听你的？"

　　曾经有一个产品经理向我倾诉他的工作情形，在其工作中不管是周会还是评审汇报，其团队中的开发需求沟通或 UI 验证沟通都没有或很少主动叫上产品经理。团队都没有和产品经理沟通的意识，觉得有没有产品经理存在都无所谓。这样的产品经理除了忍受之外，能凭一己之力推翻整个团队的工作吗？

产品经理，虽然一直被称为经理，但其实并没有经理的职权。在一个理想的项目团队中，产品经理应该是整个流程的把控、监督、产品负责人。在整个产品流程中，如果产品出现问题首先应该是产品经理负责。

产品经理推动产品落地的方式如图 1.3.1 所示。

图 1.3.1

无论哪一个团队，都不可能完美，都会有问题。在工作中，产品经理需要依靠情商与技能的结合最终落地产品。我们都想把产品做好，为团队、为个人创造价值。所以，在遇到困难或阻碍时，你只需要多想一下，这个需求到底是为产品着想还是为了自己的私欲？

往好的方向发展的信念一定会引导你找到一个更好的办法解决当前的困难。

1.3.4 产品经理工作中的挑战

你知道产品经理在工作中的挑战有哪些吗？例如，在评审会议结束后，产品经理需要进行产品方案完善的收尾工作、相关文档的撰写工作。突如其来的挑战可能会在这样一个场景中出现，在产品经理将最终方案给开发人员的时候，开发人员说："我认为后台这里还是不应该要这两个字段"，产品经理此刻心里想："之前怎么不说"，或许大多数产品经理的反应都会如此，在需求评审会议的深度没有达到理想的评审深度时，往往在实际启动、开发中会出现类似的系列问题。

在工作中，产品经理最怕的是拍脑袋、自己空想，但现实是往往有一些板块或小细节我们必须要拍脑袋决定。因为现实中没有资源给你、没有时间给你，所以只能快速做出反应，解决当前的问题，提出一系列的假设，执行当前可以做的方案。

产品经理往往比较烦闷、比较焦虑，为什么？情绪波动的原因如图 1.3.2 所示。

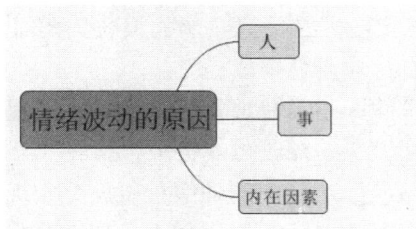

图 1.3.2

在工作中，技术和业务知识问题是产品经理遇到的最多的和最大的问题。

1．技术挑战

产品经理可能来自不同的专业，而不像开发人员，大部分来自计算机专业。产品经理对技术的掌握和理解深度也不同，有很多人因工作原因从 UI、运营、新媒体编辑转到产品经理岗位。这些人的弱点是不知道技术实现的难度或产品框架的更改难度。这些弱点暴露在工作中往往是大模块调整，大功能增加、删除。

产品经理一定要通过学习技术弥补自己与开发人员沟通的能力吗？产品经理通过经验的累积，可以知道开发相应模块的难度和难点，以及技术实现的关键。产品经理可以跨越各个行业。对于一些行业来说，产品经理对技术的理解能力不如对业务的理解能力。

2．业务知识挑战

当今各 App 或 Web 端产品的很多功能是相同的、相通的，称为共性模块，如图 1.3.3 所示。

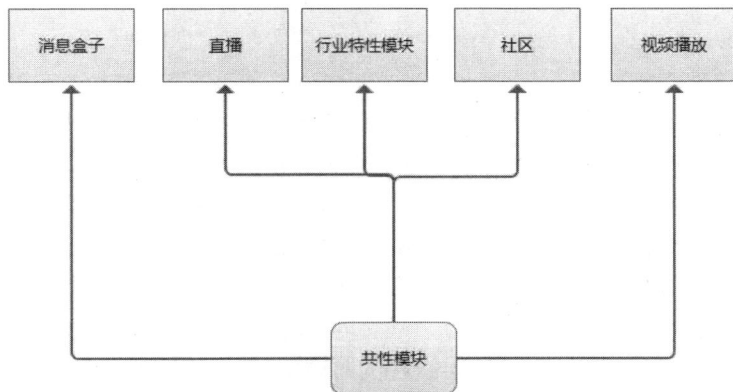

图 1.3.3

不管是什么产品，肯定会涉及消息盒子的模块，大部分产品会有直播、社区、视频播放等模块，还会有行业特性模块。

产品经理对业务的理解和学习是非常重要的，尤其是当产品经理换一个行业做相关产品时，行业特性模块的经验可能会被浪费，但正是因为每个行业都有自己的行业特性模块，产品经理对行业的理解程度就显得尤为重要。例如，腾讯云产品的特殊性是需要掌握服务器、数据库知识，但对金融产品来说，则需要掌握证券的相关法规、证券的基本规律。

产品经理不要因为在某个行业中的积累而放弃选择其他行业，正是由于行业的多样性，才让产品经理可以寻找适合自己的行业，虽然每个行业都有行业特性模块，但其互联网的思维、共性模块是共通的，只要结合自身资源（如专业知识、业务知识、兴趣方向、人力资源）就会有更好的发展。

1.4　产品经理的学习成长

1.4.1　产品经理与互联网思维

互联网思维既是工作中需要用的技能或能力，又是一种思考问题的方式。一名非互联网从业者经常对我说："IT 行业真吃香，可以贯穿各个行业"。其实反过来看，并不是互联网有那样神奇的能力可以贯穿我们生活中的各行各业，而是互联网思维紧紧握住流量运营、用户运营、产品运营，让我们发现："哦，原来这个事情还可以这样做。"

随着用户不断年轻化，不少用户都在生活中使用各式各样的产品。在庞大的用户群体下，线下的场景可以通过互联网产品关联。比如，共享单车，在使用单车的时候用户需要在线下做扫码的操作。而在移动端，则需要进入相应的账户、支付、记录路线等。

在互联网遍布各行各业的今天，如果你是传统行业的产品经理，但又希望做一款面对大量用户需求的产品。下面两个案例可以给你一些启发。

我有一个朋友正在从事汽车二手车业务，他对汽车的业务理解和汽车知识的掌握是很好的。现在汽车成了家庭必备的消费品，几乎每个人都需要了解汽车知识，包括维修、销售、产品品质等。试想一下，如果他以互联网的知识内容孵化自己，那么我想我一定会成为他的一位内容消费者。毕竟，我也是需要购买汽车的。当然，那么我想强调的不是让读者撰写内容、产出内容，而是要学会利用互联网传播打造自己的 IP，甚至做自己的社群或知识模型，相信这一定会给你们在工作之外带来一份不错的收入，而且这份收入是可持续的、可发展的。

下面再介绍一个案例，我在家乡有很多从事医务工作的朋友，他们经常接触互联网。这里的经常是指对互联网产品的使用和对来自一线城市互联网产品的接受程度。比如，在一线城市中的医院，医院的挂号等流程可以通过线上操作。用户在医院的线下场景都被记录在线上，医院可以随时管理、了解每天医院的人员情况。医院的医务从业者，除了工作的收入之外，每天还可以通过各大医疗互联网平台让自己获得第二份或第三份收入，另外，还可以自己运营或维护用户。

互联网思维让医务从业者不再是一个普普通通的医务从业者。我尝试告诉正在从事医务工作的朋友，可以以互联网思维运作自己，在未来医疗行业蓬勃发展的情况下，如果能够早点抓到属于自己的用户，成为红利的受益者，我相信他就不会抱怨医务工作的枯燥和无聊。他可以通过互联网改变自己的工作状态，并且收获满足感、成就感。

以此类推，试想在各行各业中，你是否都能够得到红利？答案是肯定的。互联网思维并不专属于工作，而是一种生活的思考方式。

我认为可以把互联网人分为运营人员、产品经理、数据分析人员、测试人员、开发人员、交互设计师、UI 设计师。对于以上的职位，很多人认为只有运营人员、产品经理为互联网工作，其他的反而在非互联网企业都有，应该不属于互联网人。但我定义的互联网人，是从事互联网工作的人，在所处的公司、项目环境里面，做互联网人上下游的事。

互联网人时刻与信息联系着，不论科技圈出现了什么新闻，互联网人总是第一个察觉到或体验到，甚至毫不夸张地说，互联网人是第一个去评判事情的好与坏的人。互联网人不是仅仅工作在互联网中，而是生活在互联网中。生活中无处不存在互联网产品，他们体验，甚至抢首发、内测资格。互联网的基础知识被用到各行各业，你今天接触的日常业务都有来自互联网的影子。

以公众号订阅后吸引粉丝为例，有拉新、留存、促活等行为，与之相关联的互联网人便是微信朋友圈的微商、社区运营人员、用户运营人员，为了最终成单，互联网人的技能被用于生活中的基本交易或生活中的基本场景。微信支付、支付宝支付也是互联网人的尝鲜。

"老板，你这里支持微信支付吗？"这句话是用户在养成了不带钱包的习惯后，在外购物时经常提出的问题。互联网人在这个基因与传播方式下，成了一团燎原之火。

1.4.2　产品经理的习惯培养

1．养成体验产品的习惯

互联网的产品经理要致力于竞品的体验和挖掘。我相信每个在职的产品经理都愿意别人把自己的产品作为竞品，给予自己一份体验报告或竞品分析，使其能够从产品经理这个用户群体中了解自己产品的不足，他们比普通用户的价值高得多。我建议刚从事产品经理的新手用 30 天体验不同的产品，感受一下自己的工作变化和对产品的思考。

2．带着问题体验产品是抄袭吗

我们不能为了抄袭而体验一款产品，我认为更重要的是培养自己的产品感，解决以下疑惑：别人为什么有？我为什么没有？（借鉴 Why、What、Where、When 的 4W 分析法）。在负责某个需求时，除了拍脑袋或用数据分析优化之外，我们应该发现更多产品设计点。我认为好的产品感便是在现有的产品中感觉到目前这个产品的定位是什么、产品的不足在哪里、交互和页面怎么样，或比较深一点的感觉如页面逻辑是否合理等。

3．我体验的是什么产品

以金融产品为例，在 ASO100 或应用宝（安卓）上下载与金融相关的产品，通过搜索相关关键词，可以很好地了解目前金融行业不同细分类里各自排名靠前或用户比较多的产品。首先挑选一款 App 产品，然后体验它的核心功能。

产品经理可以下载一个安卓模拟器作为体验产品的体验池，目前大部分人应该只有 1 部手机，现在的 Push（消息推送）在 App 上极为常见，如果不想被 Push 骚扰或让手机待机时间更长，可以考虑下载一个安卓模拟器。但要说明的是，安卓模拟器对直播、拍照以及一些应用会 Crash（崩溃）。对于直播产品经理来说，我建议直接用一部手机做体验机。

4．如何快速体验一款 App

体验产品就是要作为深度用户每天使用产品。对于每一款移动产品，不同用户有不同的需求，这个用户可能喜欢浏览资讯，另一个用户可能喜欢发帖等。移动端产品经理不同于后台产品经理，移动端产品经理需要懂的知识更多。相对于后台产品经理的业务知识，移动端产品经理的知识要以用户体验为中心。

对一款产品理解得最快、最深的方式是以主功能为点，进行功能性测试，当然必须要把每款产品都注册，推荐用第三方账户登录，要单独新建一个第三方账户：QQ、微信、微博账户，不然经常会被不同产品的短信骚扰。

要以每个移动端主路径为主功能点，对相应的子功能挖掘、体验，记录其交互效果和页面布局。把一些特殊的交互效果或页面布局记录到自己的体验库，可以截图，也可以把一些复杂的交互效果录屏，这样有助于以后更快速地找到自己所需。

对于一款产品，每个用户的需求和使用程度都不一样。产品经理应该养成反复使用竞品或体验产品的习惯，如果一款产品你只用一次或者几十分钟，或许随着时间的流逝，就会淡忘。

把体验过的产品分类，养成在手机中每天反复操作的习惯，在每天体验新的App 前，打开昨天体验的 App，简单使用一遍主功能。这不会花费太多时间，但是自己对这款产品的了解会更深。

或许你今天体验的产品并没有展现运营的相应元素，但换一个时间或许就不一样了。App 比较常见的弹窗有警告页、升级页、退出页、启动页，你如果换个时间反复体验，就会得到意想不到的收获。

5．坚持体验一个月后，我的感受

在一个月中，我体验的产品可以分为知识付费产品、理财产品、证券产品、银行 App、直播产品。在体验后，我的直观的感受便是产品感的提升。当体验一款移动端产品时，除了页面逻辑之外，我可以看出其产品展现的功能、优点与缺点。有了产品体验的积累，在整理自己产品的某个需求时，我会有更多想法，我认为这不是抄袭，更多的是过滤与结合，结合自己所在公司的资源，做相应的功能。公司领导或许只了解你体验过的产品中几个比较好的，但其实在无数产品中，就算是排名稍微靠后的产品，也可能有一个好的核心功能。

体验是产品设计的逻辑与产品感的总结和提升的过程，我并不会像图 1.4.1一样一一列举，但我的直观感觉会提升，我能分辨一款产品好与不好，找到较好的部分与较差的部分。

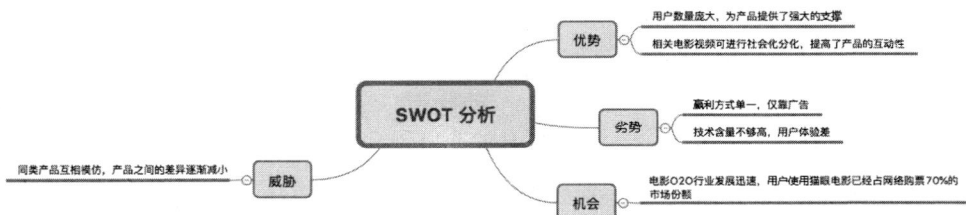

图 1.4.1

每个公司的产品定位不同，产品的迭代周期、公司的资源都不同，我所判断的好与不好基于目前体验的产品的平均值。养成体验产品的习惯，能够让你在完成或整理某个需求，或做战略规划时想到一些成熟合理的产品设计出发点，而不是拍脑袋创新。

你能够知道这个模块需求的大体框架是什么、有什么基本的功能、用户基本的交互是什么。对于某个产品规划，你能够更快地想到基于目前公司的资源，打造出来的产品将会怎么样、会有哪些功能可以被用户认可或成为业界的标准。

在产品经理的成长过程中，最重要的是两件事：积累和提炼。积累：日常所见，模仿他人之优，日复一日，日积月累。提炼：从大量的案例中找到解决问题的方法并形成自己的方法论，即俗称的"套路"。

6. 产品经理文档、资料的存储和管理

产品的需求总在不断变化，同时产品团队也有各类文档输出，例如 UI 切图、流程图、PPT、会议记录等，所以在经过几个月甚至更长时间的积累后，产品经理存储和管理自己的文档与资料就显得十分重要。这样一方面可以保证随时能够找到需要的文档与资料，另一方面可以保证文档与资料不会丢失。

我在日常工作中使用得较多的文档与资料管理工具有以下几个。

1）有道笔记——会议记录必备

在每次会议时首先新建一个笔记，然后就可以快速记录了，通过分享笔记对应的 URL（链接地址），可以让团队的其他人参与阅读，有道笔记如图 1.4.2 所示。

图 1.4.2

2）蓝湖——设计图管理

因为蓝湖存在线上切图与 UI 设计图预览，所以可以随时展示 UI 设计图，但有一点需要注意，如果你已经离开团队，则没有权限查看并阅读蓝图。你可以把 UI 设计图转存到自己的空间，以便后期保管，如图 1.4.3 所示。

图 1.4.3

3）百度网盘等云盘或移动硬盘

在使用这类工具时，要注意分类，可以按照使用频率和使用量对文件进行归类，也可以按类型归类，比如按沟通记录、产品文档、原型、部件库、UI 文档等，如图 1.4.4 所示。

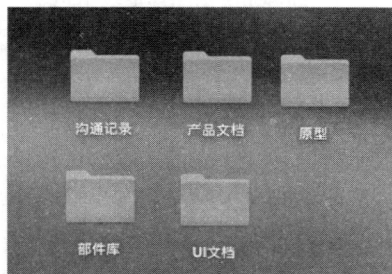

图 1.4.4

还可以按预存版本归类，类似 0.1、0.2 这样的版本需求可以独立成档，把 1.0、2.0 这样的主干项目再单独存放。

另外，通过项目的单独存放管理，我们也可以快速地找到相关项目所包含的素材与原型，这是非常便利的查找方式。比如，某一类项目名称为××，可以把该项目的文件放在一起。

1.4.3　产品经理的进阶

以腾讯为例，腾讯的产品经理分为 P1、P2、P3、P4、P5、P6、P7、P8 级（越往后，产品经理的等级越高）。但在最初，产品运营人员与产品策划人员的工作内容基本相同，这里 P1 称为产品助理或产品专员。除腾讯外，产品经理在不同阶段的待遇是多少呢？

1．产品助理

工资待遇：4000～12000 元/月（北京、上海、广州、深圳等城市，参考不同平台给予的待遇，参考时间为 2018 年）。

产品助理的日常工作内容：撰写文档、测试产品、组织运营活动、对接客户、进行产品培训。

2．产品经理

工资待遇：8000～15000 元/月（北京、上海、广州、深圳等城市）。

产品经理的日常工作内容：在产品经理工作中，产品评审是产品经理的一场辩论大会。如果你现在正在为评审积极准备，那么你所面对的是与开发人员、UI设计师、老板一起辩论，为了把你的产品功能或相应需求成功落地，你需要准备相应数据，并用足够的理由说服所有人。

3．高级产品经理

工资待遇：15000 元/月（不同城市、不同公司的待遇会有差别）。

高级产品经理的日常工作内容：产品经理与高级产品经理的核心区别在于专业技术能力和产品规划能力。

4．产品总监或产品负责人

工资待遇：20000 元/月（通常小公司会给予一定的股权，不同城市、不同公司的待遇会有差别）。

产品总监的日常工作内容其实和高级产品经理相差无几：产品总监更需要的是战略能力，产品设计的能力反而不重要，更需要的是把控该产品走向的能力。产品总监是说服公司或者带领团队做事情的人，需要领导力或人格魅力。

第2章　产品经理基础能力模型

2.1　产品经理不得不懂的原型设计

2.1.1　初识原型设计

在设计原型之前，我们要清楚产品的定位是什么。一个产品的定位到底有多重要呢？这里引用一个产品经理的话，如果没有产品定位，那么如何做好的产品？到底什么是产品定位？产品定位是指确定公司或产品在顾客或消费者心目中的形象和地位。这个形象和地位应该是与众不同的。营销研究与竞争实践表明，仅有产品定位已经不够了，必须从产品定位扩展至营销定位。

一个产品在出生之前就需要一个定义：到底能表达什么？用户能感受到什么？能够带来什么价值？以我曾经负责的 Web 形态的产品为例，产品定位是给视频运营商提供服务的一个平台，在官网上就需要表现那些视频运营商的内容，"需求与目的一定要明确"。明确到什么地步？我们要清楚公司的要求是什么，市场和相关产品是什么，竞争对手在哪里，产品对目标客户群体的价值贡献在哪里，要找到定位，要弄清楚需求的深度、公司的要求、竞品有哪些，进而需要判断以下3 个问题：市场和客户的需求是否一致？产品与市场需求是否相关？企业做该产品是否有优势？产品定位的产生往往很简单，但却成长在复杂的环境中。

怎么考虑市场上现有的竞品呢？这里以当年可口可乐与百事可乐的竞争为例。在可口可乐销量领先的情况下，百事可乐主打年轻、价格低廉的战略，当时购买可口可乐的消费人群有不少低年龄层次的用户，为此，百事可乐通过这一主题引导年轻群体对其购买，增长了百事可乐的销量。百事可乐在竞争之后逐渐产生了思考，那便是可乐一定要和可乐竞争吗？为此他们开始尝试以非可乐的形式与可口可乐竞争，那便是七喜汽水。通过这一转变，人们对汽水的购买量攀升，百事可乐化险为夷。产品经理们在考虑产品定位的时候，要考虑目前市场上的产品是怎么样的，要通过不同的功能、卖点、资源引导用户使用。现在的互联网产品非常多，很难说一个产品没有竞品，对竞品监测是非常重要的。

要找到主要竞品的弱点，转化为自己产品的优点，哪怕市场饱和，也要不断从"用户心智"中寻找第一阶梯的位置，即便竞品在一个领域占据榜首，但是也总有薄弱环节，要从用户心智中寻找定位，找准用户真正的痛点，这才是产品经理的核心能力。图 2.1.1 为用户随产品定位变化的心理趋势模型。

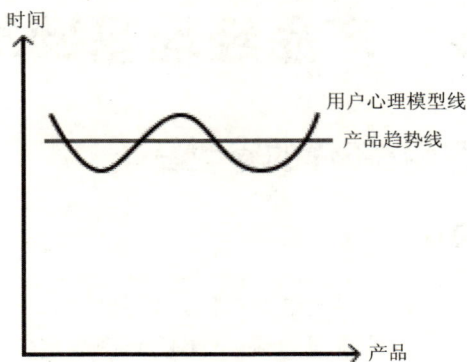

图 2.1.1

优先定位目标用户：要根据目标用户的年龄层、收入、职业、生活习惯等标准要素定位。

不要脱离原始形态：即让用户能够知道你的这个产品是干什么的。要抓住产品的精髓，而不是突然做出一个产品，让用户都不知道是什么产品。比如，一个视频 App，就不要做成直播 App，不要误导用户。

不要追求大而全，要追求小而美：产品经理有时候不是一开始就参与一个项目，在修改产品时要考虑整个项目组的资源分配，以及之前产品项目组成员的感受。如果马上提大而全的需求，不仅会给开发人员很大的压力，而且在最初的时候容易造成逻辑混乱；相反，若偏小而美，就会形成一个很好的切入点，比如改页面的布局变化而非新增功能入口等。新加入的产品经理应该检查一下目前的应用缺陷（Bug）更新情况。

在拿到需求之后，开始原型设计之前，新产品经理应该了解以下 5 点常规知识。

（1）不合理的需求。该需求本身缺乏支持的立场。

（2）没有实现方案的需求。说得易懂一点便是就算有需求，但是以目前团队的研发能力或者成本来说做不出来。

（3）非核心的需求。实现难度大、技术成本偏高，并且优先级不高的需求。

（4）容易返工或者被更改的需求。即在进入下一个阶段可能会被修改的或者重新制作的需求。

（5）具有风险的需求。需要经过评估的需求或者不知道该需求是否会造成一定风险。

我们曾经上线一个官网活动的页面，但因运营需求，活动页面需要做成可配置化的，可配置的部分是页面的文案、图片，运营团队可以直接上传或修改后台配置系统，减少开发资源的使用。

在上面的案例中，在运营没有单独开发资源支撑的前提下，其运营需求会指向产品。产品经理得到此需求后要做需求判断，判断的维度可以有以下 3 点：①这是一个合理的需求吗？②这是一个有一定难度的需求吗？③这个需求的优先级高吗？产品经理在优先级排期的时候要注意和需求方沟通，不要让需求推迟。

但事实是官网活动页面为首次上线，运营活动的方案还没有制定。为此，产品部建议后续再做可配置化设计。

通过这个案例，我想表达的是，原型设计之前的需求优先级是非常重要的，关系着当前开发资源与产品迭代效率，不紧急但重要的需求可以考虑排期时排在中期，在完成优先级更高的需求之后再开发。

新产品经理在拿到需求后除了没有区分需求优先级之外，另一个常犯的错误是在设计原型前义无反顾、全心全意地思考当前原型的下一个页面或下一个部件是怎么落地的。当做完了之后，发现输出的需求结构少了一部分或者整个产品偏离了自己公司的核心业务，再返回修改，甚至从头再来。

除此之外，新产品经理还有一个在原型设计之前容易犯的错误，没有通过系列竞品调研或产品体验就直接落地原型。因为没有参考竞品、没有了解相关功能框架就动手做，所以导致落地后出现很多问题。

如图 2.1.2 所示，针对原型设计可以先做原型框架。

首先，新产品经理在接收需求后要做一个需求可能会涉及的框架。产品经理要保证该框架可以更新。

其次，理清业务流程。从用户端出发所涉及的流程都称为业务流程，产品经理要模拟自己是用户、自己是商家等，模拟用户会怎么使用 a 需求、怎么使用 b 需求。先整理出业务流程，之后化抽象为形象。在这样设计原型时会更有节奏。

一个好的产品思维是，通过市场调研、竞品分析、用户画像发现某类市场中特定人群的某类需求。通过这些方法找到答案，用于回答"用户是什么样的？他们有什么行为习惯？"等问题。产品经理通常有成熟的方法及套路找到答案，但由于商业模式可能存在天壤之别，当你涉猎一块全新的领域时，市场调研是至关重要的部分。市场调研能让你更快速地进入行业，并找到产品的落脚点。

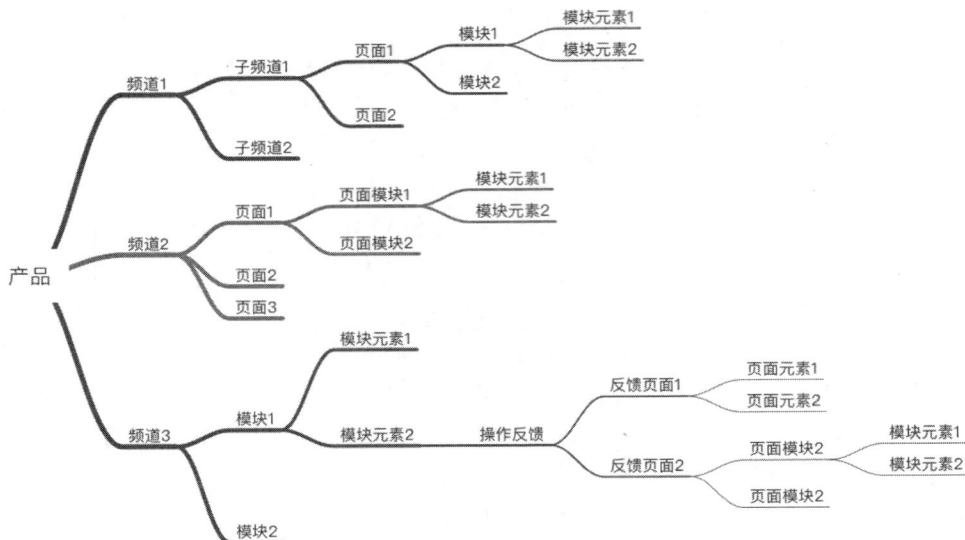

图 2.1.2

市场调研是产品经理的必备技能。通过市场调研，产品经理可以根据有效的数据更好地了解用户和制定产品战略路线。市场调研有大有小，不同类型的调研的目的也不完全相同。可以是对产品如何进入市场的调研，在产品初期或成长期，为产品做好方向上的判断，避免走错方向；也可以是针对某一次迭代的调研，为常规迭代增加数据分析和优化方案，加入更多的用户分析和竞品分析。

市场调研对于很多传统互联网企业和正在创业的互联网企业而言更加重要。产品的研发上线过程较为缓慢，一个需求执行下来，前期必然需要做足功课，要与各个团队充分交流沟通，保证上线后的用户反馈能及时处理。为了让产品从设计到研发测试的过程足够稳定，市场调研应该是产品经理持续做的事情，产品经理应该对市场的变化了如指掌，这样才不会在竞争激烈的环境中方寸大乱。

常见的市场调研方法有问卷调查、用户 AB 测试、焦点访谈、田野调研、用户访谈、用户日志、入户观察、网上有奖调查。已有较多的文章对这类方法进行介绍，本书不再赘述。

2.1.2　教科书级别的原型 PRD 表达

以 Axure RP 控件为例，注释面板、注释说明、标注点和注释点可以解决复杂的交互设计，如图 2.1.3 所示。

注释面板　　　　　　　　　　注释说明　　　　　　　　标注点与注释点

图 2.1.3

1．整体效果

1）页面交互与注释说明

使用以上 PRD 体系，整个原型的标注与说明效果如图 2.1.4 所示，并附带交互和注释说明。

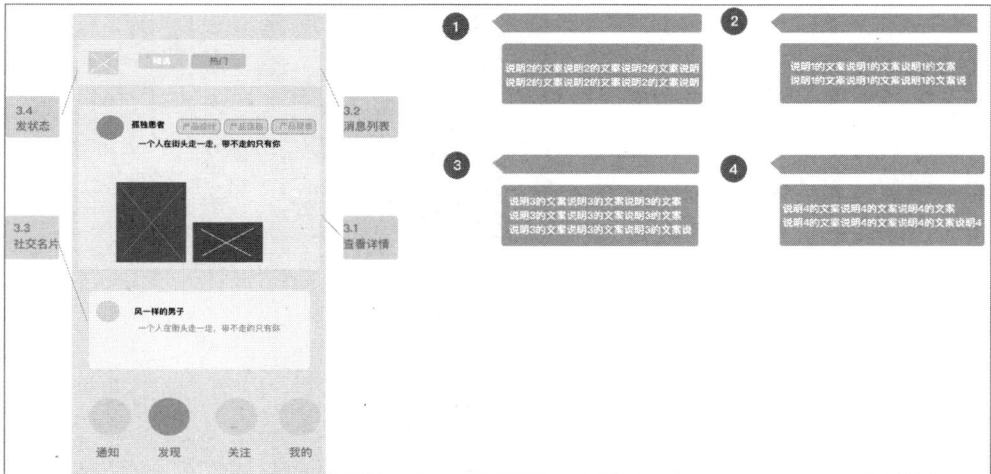

图 2.1.4

2）页面 PRD

图 2.1.4 把页面交互与注释说明分开描述，接下来说明如何描述相应的字段或功能。哪些地方需要注释？哪些地方需要说明异常情况？如图 2.1.5 所示。

2．关于页面的说明

交互说明最重要的是页面路径。页面路径表示用户的行为影响页面走向哪里，回到哪里。全局是否统一、当前页面在测试版本中是否有错误也能帮助产品经理验证页面路径是否符合预期。

图 2.1.5

产品经理在交互设计中要标明每个页面的走向，并且需要注意页面的命名。在产品初期，很多功能体系涉及无数页面，我们可以以功能区分，让页面的列表更加清晰，如图 2.1.6 所示。

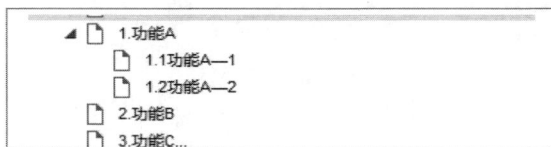

图 2.1.6

将页面分级后，可以将页面逐个评审，以便保证不会遗漏或者不会出现大的问题。

很多产品经理用原型页面跳转进行页面表示，保证设计人员或开发人员可以知道整个功能的页面情况是怎么样的。

在产品初期的时候，由于页面太多而不能在一个地方把所有的页面全部展示出来，可以按功能区分页面，如图 2.1.6 所示把功能 A 进行区分，将页面用连接线展示，如图 2.1.7 所示。

图 2.1.8 所示为对 ICON 的标注说明，这里需要注意的是"状态"标注，如果一个 ICON 的交互行为有不同的状态或条件（如登录状态、未登录状态），那么需要标注说明，如图 2.1.9 所示。

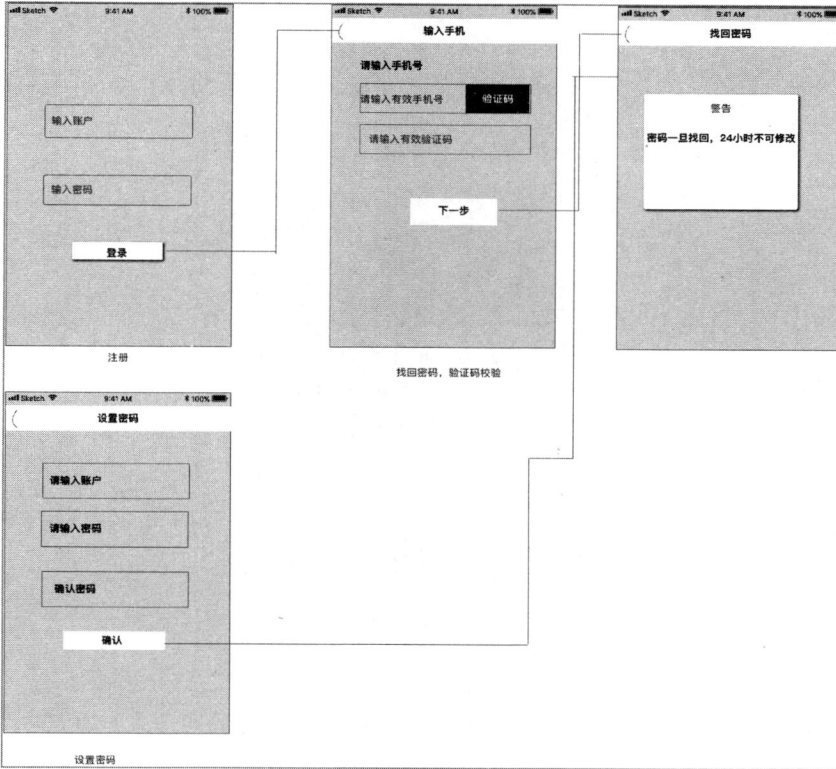

图 2.1.7

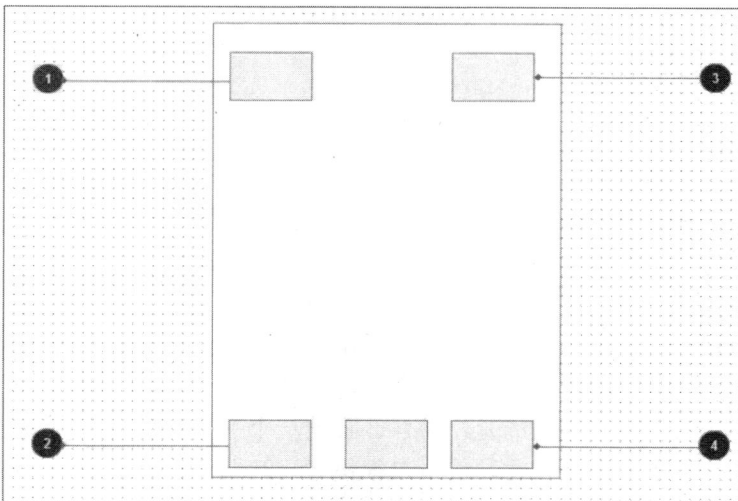

图 2.1.8

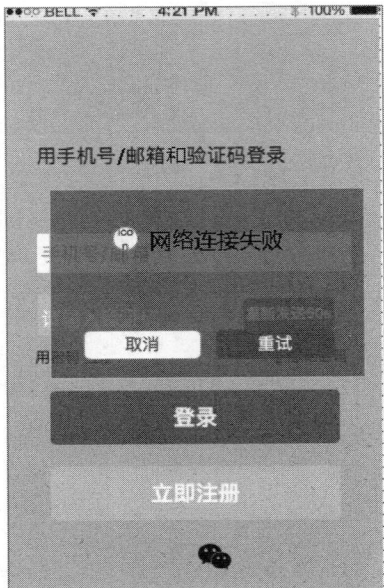

图 2.1.9

页面的交互状态可以通过当前的页面条件或者用户交互行为判别，页面条件在不同的产品业务中有不同的判断方式，常规的交互方式如图 2.1.10 所示。

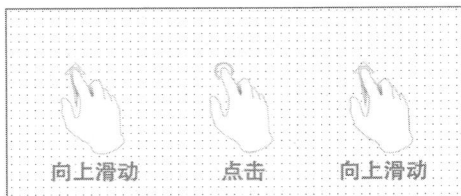

图 2.1.10

要根据不同的交互行为做出不同的提示，通过图 2.1.10 所示的交互方式表达。如果交互行为涉及不同的页面，则可以用图 2.1.11 所示的方式表达。

新产品经理在加入产品圈后，应该尽可能完成交互的效果，随着后续能力与素材库的积累，可以不再重点突出交互效果，毕竟交互效果浪费时间，而且需要不断修改。交互设计经验与产品感的积累是很有必要的。

如果用一张图就能表达清楚，为什么要做一个视频呢？善用当前的交互状态与页面切换，再加上文字描述，就可以很快地让开发或设计同事知道你的意图或效果。

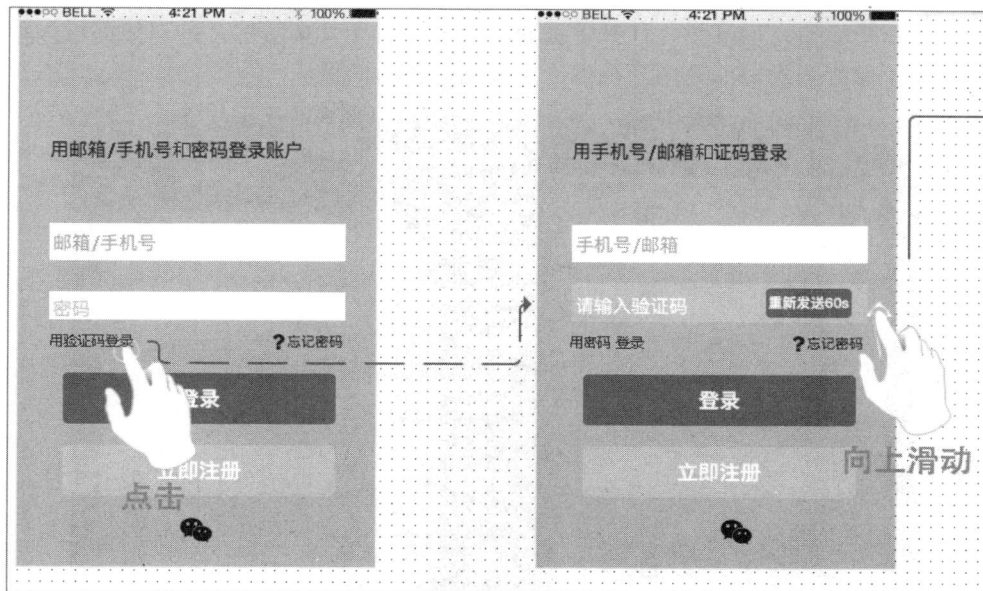

图 2.1.11

移动端的交互形式更为固定，虽然 Android 系统版本不同可能会有一些区别，但是用户都有感知，现在的用户基本上都对 Android 与 iOS 系统有不同的认知。

2.1.3　教科书级别的 5 个交互设计案例

好的交互设计可以让小到一个控件、大到一个页面提升转化率与用户留存率。我曾经在工作中和 UED 团队一起设计过一个页面。对于有些设计，你虽然说不出它为什么好，但是你会觉得这样设计更好一些。

第一个案例如图 2.1.12 所示，对于这样的一个内容框，你会选择左边还是右边？左边默认告知用户数值范围，右边不告知用户数值范围，而直接显示结果。

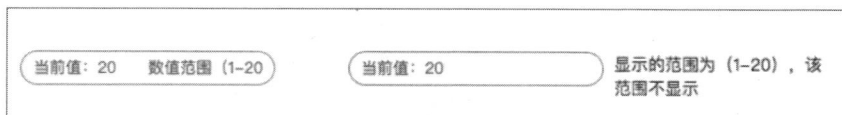

图 2.1.12

虽然我不知道你会选择哪一个，但是我在系统设计时认为右边的更合理。选择左边的方式是新产品经理经常犯的错误。

第二个案例为图 2.1.13 所示的健康数据。对于左边的设计来说，用户在得到数值后，可以直观地知道当前数值在整个范围中处于什么等级，但右边的设计却只显示了结果，没办法让用户把冰冷的数据转化为结果。

图 2.1.13

第三个案例如图 2.1.14 所示，显示了用户登录中的交互细节。友好的文案设计可以减少用户的输错率。

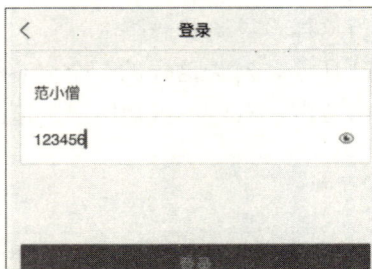

图 2.1.14

除了登录和注册等基本内容输入框案例外，好的交互设计或文案可以鼓励用户产生内容，甚至可以使用户产生与产品的感情。如图 2.1.15 所示的第四个案例分别是输入框文案与交互中的文案表达。

图 2.1.15

20 个字是表达想法最好的长度，产品可以提示用户如何更好地输出内容，有助于沉淀内容，使用户产生不是在使用产品的感觉，而是在与产品真实的沟通互动。

第五个案例为图 2.1.16 所示的支付宝首页，用户在把页面拉到底的时候会出现一个文案"我是有底线的"，让产品突然有了灵气，当初在该版本淘气的文案出现后，不少用户都发了朋友圈，给该产品带来了不少的曝光与下载。

图 2.1.16

2.2 产品经理必备的数据模型技能

2.2.1 产品数据的指标有哪些

产品数据有很多种，这里说的是以埋点为基础的产品数据，如页面浏览量（Page View，PV）、独立访客（Unique Visitor，UV）、点击率、注册率、购买率、转化率、崩溃率等。在以上的数据中，有哪些易错点呢？

在不同维度下，数据的直观反映有很大的差别。坐标轴的变化便是很明显的差别之一，如图 2.2.1 所示，如果改变数据坐标轴的尺度大小，那么效果的差别是直观的。新产品经理的第一反应往往是，"这个数据怎么做得这么差？"对数据的观察，要注意在一开始就把刻度把握好。

数据坑人例子：纵坐标

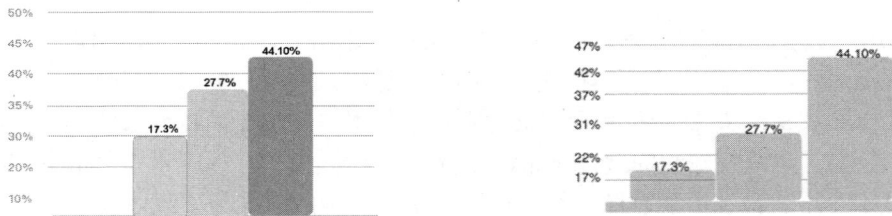

图 2.2.1

除此之外，还要注意以下 6 点。①回归现实、回归场景、回归生活实际。②真实，使用原始数据。③考虑引用的数据占比。④考虑数据加起来是否为 100%。⑤一些页面的主路径是否进行了埋点。⑥采集数据的用户是否为目标样本用户。

某企业设计的数据指标模板如表 2.2.1 所示。

表 2.2.1

指标名称	功能模块	指标解释	计算方式
新增用户数	版本分布	安装后首次启动应用的用户数，卸载后重新安装应用	
升级用户数	版本分布	从其他版本升级到指定版本的用户数（去重）	
启动次数	版本分布	启动应用的次数（如何判断用户使用结束：①用户主动关闭；②用户进入后超过 30s）	
活跃用户数	版本分布	启动应用的用户数	
累计用户数	版本分布	到现在为止，启动过应用的用户数	
次均使用时长	版本分布	使用时长/启动次数	

续表

指标名称	功能模块	指标解释	计算方式
每次启动错误	错误管理	—	
错误覆盖率	错误管理	应用程序错误覆盖人数在活跃用户数中的占比，计算方法：错误覆盖人数/活跃用户数	
错误次数	错误管理	应用程序报错的次数	
人均访问页面数	访问页面	页面访问总次数/活跃用户数	
访问次数	访问页面	页面被访问的累计数	
访问人数	访问页面	访问页面的独立人数	
人均访问时长	访问页面	每个人在一个页面的平均停留时间	

　　根据当前的产品基础数据指标与产品形态，产品经理应该设计移动端、Web端等数据指标。产品按业务类型可分为直播产品、电商产品、社区产品、新闻资讯产品、问答产品、广告系统产品、短视频产品等。移动端、Web端、电商类、UGC类数据指标分类如图 2.2.2 所示。

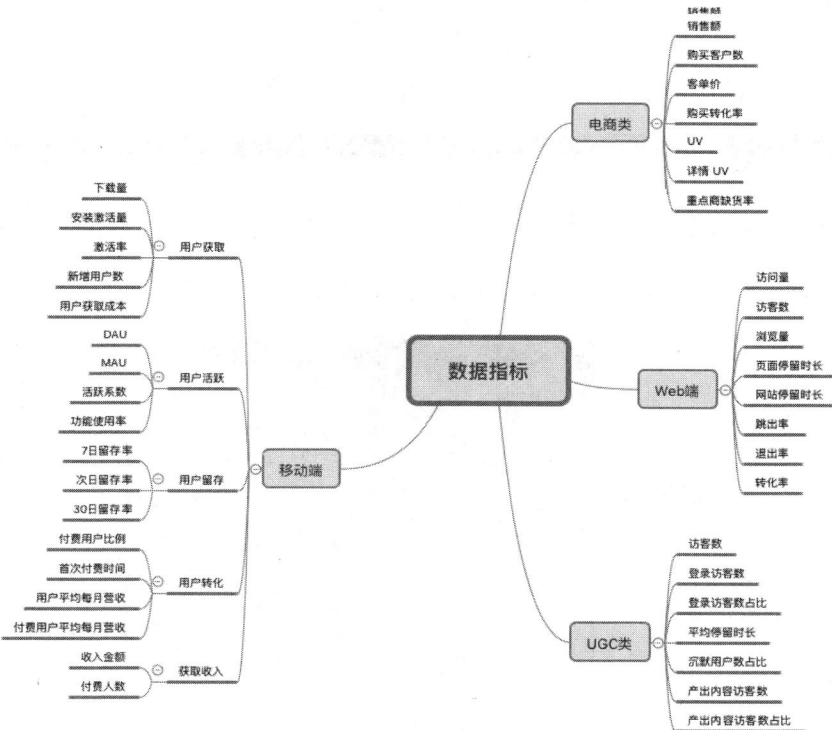

图 2.2.2

2.2.2　别忘了数据埋点

关于埋点，以腾讯移动分析作为案例介绍，如图 2.2.3 所示。

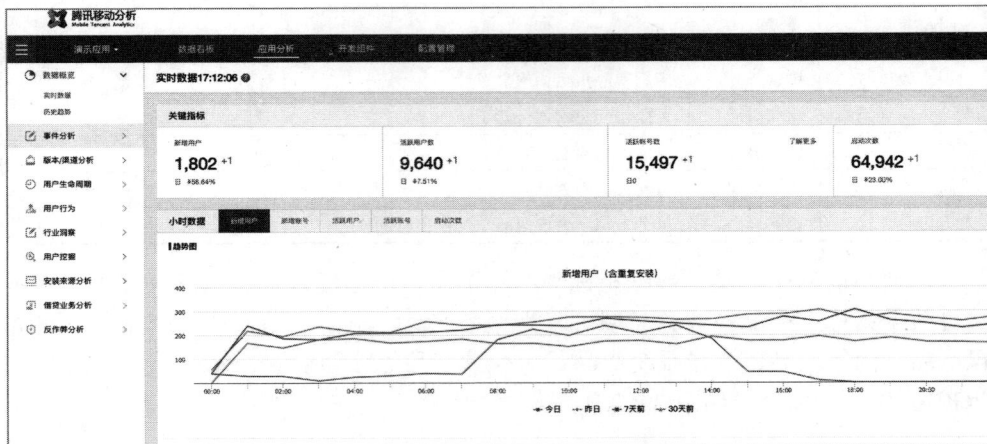

图 2.2.3

埋点之后的展示效果，即数据漏斗图，如图 2.2.4 所示。

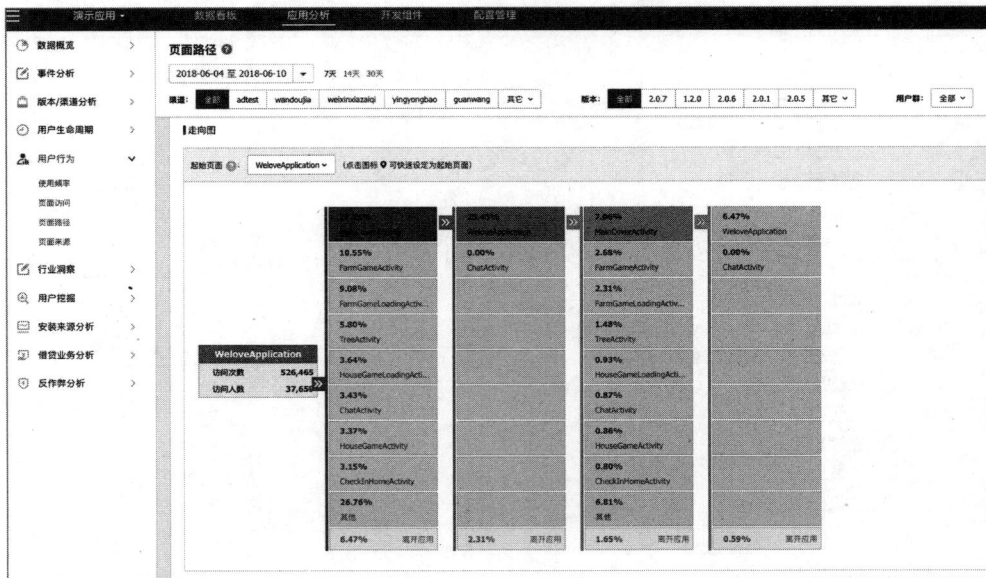

图 2.2.4

埋点的时候要确保没有丢失一个关键功能模块或字段与页面。

数据埋点必须要有关键绩效指标（Key Performance Indicators，KPI）或目标导向，以东方财富 App 为例介绍如何确定埋点的模块。我曾经负责"行情"模块的迭代，这时 UI 已经做出来了，只需要监控相应的新功能或新产品。

需要采集的数据来自图 2.2.5 中的每个模块，"上证指数""深证成指""创业板指"等都是功能主路径，并且东方财富 App 首页的模块里面有"行情""分类""资金""决策"，很显然我们要站在用户的角度思考其路径。

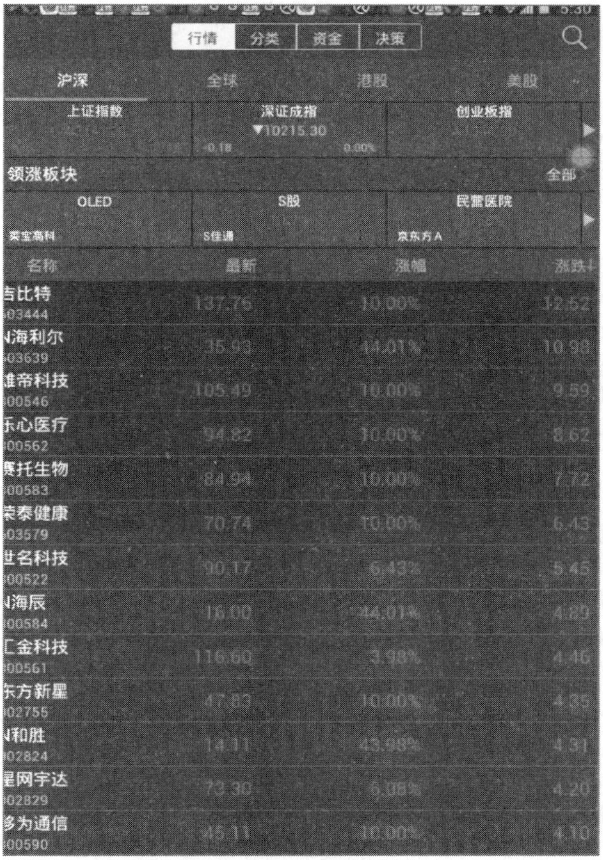

图 2.2.5

这对产品有什么意义？新产品经理花了不少时间调研、输出需求、设计评审、开发评审，万一最后的结果不好怎么办？或者很可能结果不好怎么办？如果有了埋点，就可以分析出哪个相关的数据出现了问题。

比如，对于东方财富 App 页面上"行情""分类""资金""决策"这 4 个模块来说，假如通过数据的检测，"行情"模块没有带来流量，就可以考虑后期弱化它。

我们要反复尝试不同的路径，截取关键点。这些关键点便是我们需要埋点的一些地方，不同的路径与相应的优先级都可以通过路径的长短和深度排序。当埋点数据整理好后，我们需要交给开发人员，这时怎么展现呢？

1. 埋点数据的展现形式

表 2.2.2 所示为一些产品埋点的字段。

表 2.2.2

行为编号	功能名称	参数	行为路径	版本号	开发人员	变更人
1	发送	PV/UV	页面 1→页面 2	v1.0	Kevin	Kevin2
2	保存	CTR	页面 1→页面 2	v1.1	Kevin	Kevin3
3	取消	CTR	页面 1→页面 2	v1.2	Kevin	Kevin4
4	增加	CTR	页面 1→页面 2	v1.3	Kevin	Kevin5
5	删除	CTR	页面 1→页面 3	v1.4	Kevin	Kevin6
6	修改	CTR	页面 1→页面 4	v1.5	Kevin	Kevin7
7	撤回	CTR	页面 1→页面 5	v1.6	Kevin	Kevin8
8	播放	CTR	页面 1→页面 6	v1.7	Kevin	Kevin9
9	暂停	CTR	页面 1→页面 7	v1.8	Kevin	Kevin10
10	前进	CTR	页面 1→页面 8	v1.9	Kevin	Kevin11
11	后退	CTR	页面 1→页面 9	v1.10	Kevin	Kevin12
12	快进	CTR	页面 1→页面 10	v1.11	Kevin	Kevin13

对采集行为编号，与之前的路径一起交给开发人员，以便开发人员对其标注。

行为编号：方便对每个埋点的数据进行区分，建议编号为版本号+功能号。

功能名称：某一个需求的具体功能，可以细分到一个按钮的功能。

行为路径：描述进入该功能的操作行为。

版本号：当前的功能版本或即将更新的版本号。

开发人员：可以确定相关的功能模块是哪个人负责的，可以添加。

变更人：是产品经理自己，当然也有是老板的情况。

在数据采集中，埋点可以从哪些地方开始呢？数据埋点如图 2.2.6 所示。

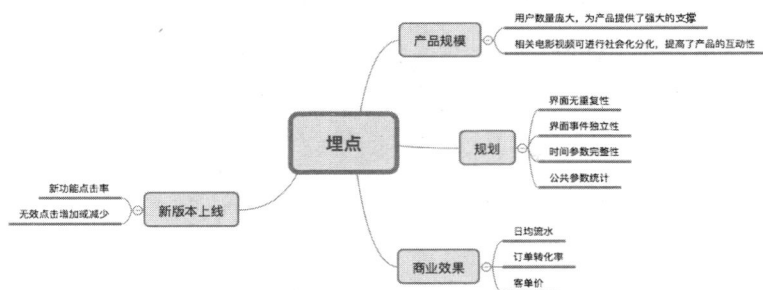

图 2.2.6

在移动端产品中，埋点对新功能的上线和之前版本的迭代优化都起着重要作用，尤其是个性化推荐和后期数据系统的建立，埋点是第一步。

2．关于埋点的业务流程

以一款股票类产品为例，用户购买产品的业务路径为用户登录—投顾—购买—评论—发朋友圈。

业务流程中包含 5 个不同的页面：①登录页面。②购买页面。③支付页面。④订单页面。⑤服务页面。

对页面来说，以上 5 个页面流程作为主要路径。这里有一个问题，是不是所有的入口都需要埋点？或者作为产品经理，我怎么知道哪些地方需要埋点，哪些地方不需要埋点呢？

要确定埋点的目的和用户场景，如果这次埋点是为了验证活动带来的转化率，那么与转化率无关的模块可以不放在其中。

如果个人页面不是这次活动的侧重点，那么在新版本上线提测后，其个人页面就不需要埋点。

埋点的场景需要运营侧提供，比如用户的购买场景、支付场景、分享场景等。要在不同场景的流程中，进行相应的埋点。

3．简单总结埋点的两个方法

（1）任务流程分析法：根据产品设计的任务流，在任务流开始和结束处埋点，分析用户处理任务的情况。

（2）情景分析法：列出各种用户使用场景，自己或多人体验不同场景下产品的使用流程，寻找依据设立数据埋点，通过数据反馈验证用户行为。

在产品设计中，产品经理需要更多地考虑产品内部数据体系的建设，而运营侧更需要考虑的是用户渠道体系的建立，如图 2.2.7 所示.

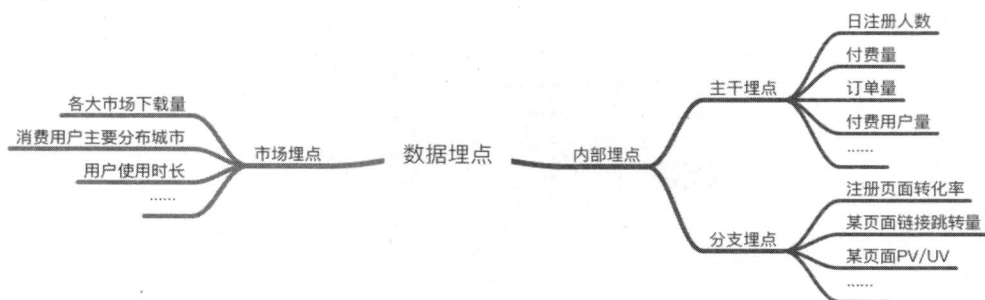

图 2.2.7

2.2.3　数据的获取与分析

新产品经理或许纠结如何更快地证明需求的可靠性，如何将产品设计的立脚点站稳，如何给评审会议中的同事、领导一个不是拍脑袋的方案。

由此，合理的数据分析显得尤为重要，如何得到数据？如何将数据的分析结论应用于评审与需求设立中？相信不少人会遇到这样的场景，在产品经理的心中数据门槛有时候变得很高，产品经理没办法得到数据；有时候又很低，得到数据了，却无法用来证明自己的需求设立点。

1．常见数据的获取

每一个产品都会有自己的管理端，这是一个产品完整的基础。基于管理端，管理者可以把控前端的内容、功能，甚至逻辑。

在产品数据获取前，无论是大公司还是创业企业，数据的意识比数据的获取更重要。如果数据的获取是执行，那么数据的意识便是驱动力。数据获取一般有以下 4 种情况：①使用第三方数据平台。②自己搭建数据平台。③没有数据平台，用 Excel 等工具统计。④没有数据统计。

以上 4 种情况基本覆盖了目前所有产品经理所处的现状，在不同的产品背景下，每个产品经理的数据分析能力也有差别。

1）使用第三方数据平台

最常见的是使用第三方数据平台，这是中小型企业最佳的选择，表 2.2.3 所示为现阶段数据平台的排名。

我们可以通过数据平台导出获取的数据，然后在 Excel 上建立模型分析，目前第三方数据平台（如友盟、TalkingData 等数据平台）也有现成的数据分析模型，数据的导出其实是为了满足更多的数据分析需求。

表 2.2.3

排名	厂商	代表产品	总分	创新能力 (30%)	市场影响力 (25%)	用户口碑 (20%)	市场影响力 (25%)
1	IBM	InfoSphere BigInsights	9.3	9.5	9.0	9.0	9.5
2	Oracle	Oracle Big Data Appliance	8.9	9.0	9.0	8.5	9.0
3	Google	BigQuery	8.8	9.0	8.5	8.5	9.0
4	Amazon	Kinesis	8.7	9.0	8.0	9.0	8.5
5	HP	Vertica	8.4	8.5	8.5	8.5	8.0
6	SAP	HANA	8.2	9.0	8.0	7.5	8.0
7	Intel	Hadoop 发行版	8.1	9.0	8.0	7.5	7.5
8	Teradata	AsterData	8.0	8.5	8.0	7.5	8.0
9	Microsoft	SQL Server	7.9	8.0	7.5	8.0	8.0
10	阿里	采云间	7.7	8.5	7.0	7.0	8.0
11	EMC	Greenplum	7.6	8.5	7.5	7.5	6.0
12	百度	百度统计	7.5	8.5	5.5	7.5	7.5
13	Cloudera	Cloudera Apache Hadoop	7.4	7.5	8.0	7.5	6.0
14	Splunk	Splunk Analytics for Hadoop	7.1	8.5	7.5	6.0	5.5
15	腾讯	腾讯云分析	7.0	7.0	6.0	7.0	8.0
16	Dell	Big Data Retention	6.6	7.0	6.5	7.0	5.5
17	LinkedIn	LinkedIn 数据分析模型	5.7	6.0	4.5	6.5	5.0
18	华为	FusionInsight	5.6	6.0	5.5	6.0	5.0
19	淘宝	知数宝	5.5	6.5	4.0	6.5	3.0
20	用友	UAP 平台	5.4	6.0	4.5	5.5	5.0
21	曙光	曙光 XData 大数据一体机	5.3	6.0	4.5	5.5	4.0
22	金蝶	金蝶 KBI	5.2	6.0	5.5	4.5	4.0
23	东软	东软经营分析系统	5.0	5.5	5.0	4.0	5.5
24	华院数云	Hadoop+PostgreSQL架构	4.6	5.0	5.0	4.0	4.5
25	九次方金融数据	九次方大数据分析平台	4.4	4.5	5.0	4.0	4.0
26	永洪科技	Yonghong Data Mart	4.3	4.0	5.5	4.0	4.0
27	集奥聚合	DataQuate	4.2	4.0	4.0	4.0	5.0
28	国双科技	Web Dissector	4.1	4.0	3.5	4.5	4.0
29	百分点	百分点数据管家	4.0	3.5	4.5	4.0	4.0
30	宜信	金融云平台	3.9	3.5	4.5	4.0	3.5

对于有数据平台的产品团队，其数据的获取就变得很容易了。产品经理在定义好需要埋点的字段或事件甚至页面后，接下来便要校验数据的正确性以及验证数据的真假。

2）自己搭建数据平台

与采用第三方数据平台的企业不同，自己搭建数据平台明显侧重于对数据的保护和更丰富的数据需求，但需要注意的是，并不是自己搭建了数据平台其数据有效分析性一定强于第三方平台，数据平台最重要的功能是数据采集、辅助数据分析，只有通过产品获得数据的数据模型，才能发挥数据的价值。

自己搭建数据平台的产品或企业，其理由千差万别，但在常规情况下，国内常见的类似 BAT 等企业，其自己搭建数据平台是为了满足自己复杂的数据需求、保护自己的数据安全。

除 BAT 等一线互联网公司外，也有不少中小型企业自己搭建数据平台。自己搭建数据平台需要强数据意识，利用数据驱动增长，找出产品的正确迭代方向。

搭建数据平台需要产品经理进行数据的梳理，除需要建立数据的需要字段、事件外，还需要考虑数据平台的完整性。

数据平台的搭建如图 2.2.8 所示。需要注意的是公司内部数据的完整采集，要能满足后期数据的扩展。常见的问题是在从 1.0 版升级到 2.0 版时，2.0 版增加了新的功能，以前的数据平台要想采集数据就需要再次开发。当然，最重要的是再次开发时需要大量修改，需要对模块框架或数据采集逻辑进行修改等，这些是产品经理在搭建数据平台时要考虑的，这也是所谓的数据扩展性。

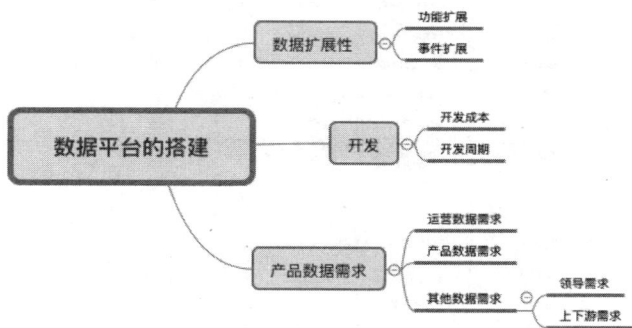

图 2.2.8

3）没有数据平台，用 Excel 统计

很多公司以前没有数据平台，如何获取数据呢？当时的产品负责人或产品经理把用户产生的信息打印出来，然后人工数出来，并加以计算。

在今天看来，这是多么不可思议的事情、多么浪费时间的事情。但这确确实实反映了产品经理获取数据不应该简单建立在公司是否有数据平台、公司是否使用第三方数据平台等。

在这种状态下成长的产品经理，其收集数据的成本或分析数据的成本会比前面说的两种高得多。

现在，产品经理可以让开发人员利用数据库直接将现有的数据调出，然后用 Excel 分析，建立相应的模型，如图 2.2.9 所示。

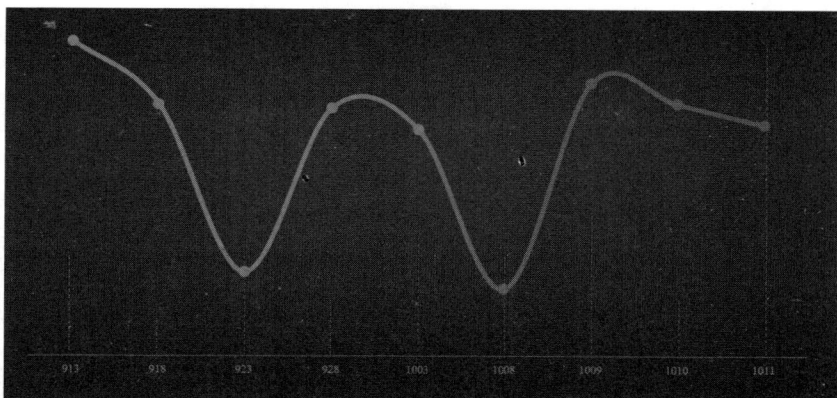

图 2.2.9

随着数据的分析方向和采集的数据样本数量增多，分析的方法和模型会越来越复杂。

4）没有数据统计

没有数据统计并不是一点都不看数据，而是没有将数据按照一定规律计算、分析。这里以某社区为例，如图 2.2.10 所示。

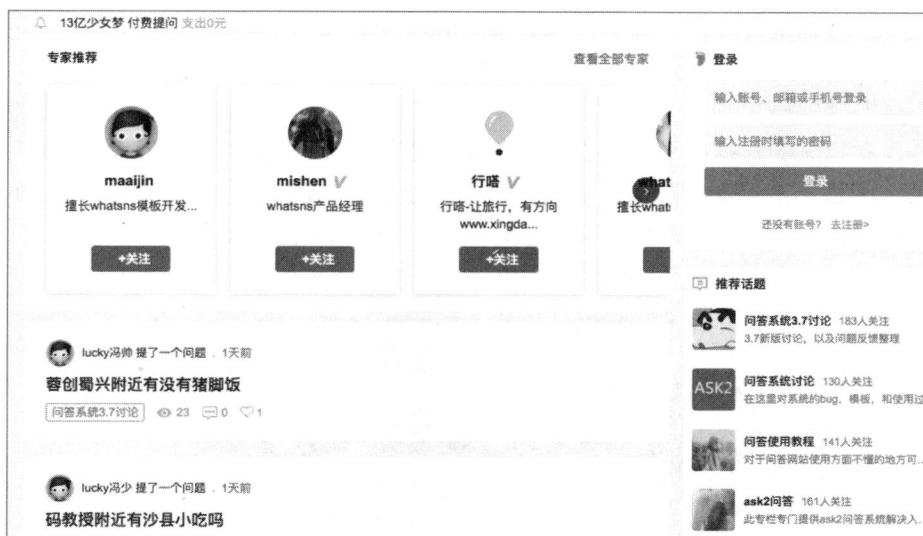

图 2.2.10

产品经理只是通过简单的数目筛选，而没有有规律地查看社区所产生的 Feed（信息）流，或者只是在社区中漫无目的地浏览社区数据。

这便是没有数据统计的典型样本，产品经理只是凭着第一认知或当前的人工辨别查看相应的数据，这一点也是目前数据产品经理的常态之一。

2．分析数据的常用方法

上面说了 4 种数据的获取情况，如何通过数据落地产品设计呢？

1）确定需求

产品经理通常要通过优先级确定当前版本或周期会做的需求，以及新需求添加或迭代的模块，再次建立数据采集来源并且确定数据存储。如果数据平台有多个区分，产品经理则需要提前区分相应的数据会在哪一个数据平台、在哪一个统计模块，在统计模块的报表中所涉及的数据需要哪些字段。

2）利用数据平台

产品经理要在数据平台寻找确定的数据需求，查看当前是否有更多可用的数据。产品经理在数据需求整理的时候，要知道数据是不是少了一些可能的维度。不管是第三方数据平台还是自己开发的数据平台，当时采集的需求不同，其数据采集的细度也不同。在数据平台中产品经理除了要查看自己需要的数据外，还需要看一些其他数据的统计，以及不同数据之间的关联。例如，订单数据与访问量数据、Feed 流动态梳理与用户性别数据。

一些跨维度的数据有助于产品经理了解一些细致的需求。比如，UGC 访问量与性别是否有关系。

数据分析模型有很多，产品经理要根据自己产品的场景，采集需要关注的数据，建立相应的数据模型，整理之后都会形成一个自己的模型，最终以提高用户转化为核心，初学者需要不断地调整自己的数据模型，针对相应的模块建立相应的模型，最终确定有效的产品迭代方案。可以使用热点图表示采集字段的可视化，如图 2.2.11 所示。

图 2.2.11

以 UGC Feed 流社区为例，图 2.2.12 所示的页面为一个迭代案例，在这里建立了数据模型，图 2.2.13 为 A 用户（女性）与 B 用户（男性）在社区中的发帖数随时间的变化。

图 2.2.12

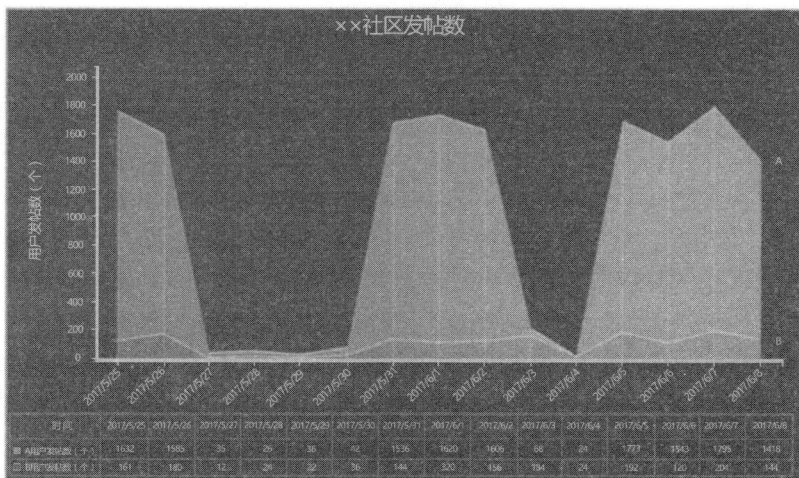

图 2.2.13

（1）从数据中我们可以看到，其 Feed 流在周末几乎没有生成。在工作日中，A 用户的活跃度远高于 B 用户，很明显 B 用户是少数用户。

（2）用户的获取与留存需要单独从数据平台拉取，拉取 A 用户的新增数据、B 用户的新增数据、A 用户的留存数据、B 用户的留存数据，这里涉及新增、留存。

（3）从数据平台中拉取 A 用户在产品中的消费数据、B 用户在产品中的消费数据。

（4）从数据平台中拉取 A 用户分享的次数数据、分享的渠道（微信、微博、QQ）数据，B 用户的分享次数数据和分享渠道数据。

以上数据指标为活跃度、新增、留存、分享、收益。

数据按照运营类型可分为业务赢利数据和用户 Tracking（跟踪）数据。

3）通过数据分析结果落地需求

需要说明的是，需要以多个数据分析指标来考虑需求的落地，这里只简单说明以用户的活跃情况确定需求落地的方案。

第一，通过以上数据分析，我们发现周末的用户发帖数少，需要考虑增加一些推送消息或周末内容，给用户提供发帖的动力。A 用户比 B 用户活跃度高，考虑 B 用户是男性的，该模块为社区模块，以内容沉淀、拉新用户，需要增加男性用户的内容，增加一些中性内容，以提高 B 用户的活跃度。

第二，从用户的发帖数我们可以看到，目前 A 用户的发帖数在工作日远高于 B 用户，产品从之前的中性定位逐渐倾向于 A 用户，增加了与 A 用户相关的常用功能。当然，第二点需要多维度考虑评量，这里只是作为一个简单的需求落地点。

2.2.4 数据产品经理门槛高吗

以流量、用户为首的产品理念正在传统企业以及互联网企业中形成一种趋势。如何做精细化运营呢？

产品经理都有自己的独特点和产品定位，产品经理不仅需要将产品的原型、文档写好，还要通过日常的训练或学习提高对数据的敏感。

如果你正处于一个没有数据环境的团队或产品项目中，我认为最简单的是使用一些数据分析工具，在 QQ 群、微信公众号中都可以找到这样的数据分析工具。虽然其涵盖的指标可能不多，但是足够让你养成数据习惯，让你总结出自己的数据模型。

在日常评审中，分析数据后，产品经理可以更合理地落地相应的需求，不会以"××竞品都是这么做的"说服开发人员或领导。产品经理应该通过数据给自己设定 KPI，一个产品是否好或者在你的手里是否经过好的迭代，数据是最有利的证明。

模块的留存、MAU（月活跃用户数）是什么情况，新版本产品是什么情况，这些是产品经理典型的 KPI，数据产品经理要知道，KPI 的好坏能检验一个产品经理的成功与否。

1．确定哪些是你的竞争对手

（1）直接竞争的产品：包括市场目标一致、客户群体针对性极强、产品功能和用户需求相似度极高的产品。

（2）间接竞争的产品：客户群体和市场目标不一致，在功能需求方面互补了你的产品优势（或者你互补了别人的产品优势），但又不是主要靠该产品价值赢利的。

（3）同行业不同模式的产品：比如，B/S 互联网模式、单机 C/S 客户端、一次性买卖和长期靠服务收费的买卖。

2．竞品数据分析的角度

竞品数据分析的角度如图 2.2.14 所示。

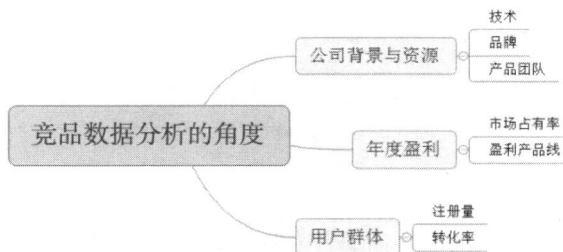

图 2.2.14

2.3　产品经理必备的文档技能

2.3.1　PRD 你会吗

新产品经理常常困惑如何把交互和功能字段解释巧妙地加入 PRD 中？这样表达是否足够规范？如何减少开发人员和测试人员在阅读时的疑惑？

1．需求概述

在介绍需求概述前我们先介绍一些基本设置，一般采用 Web 版式，字体用微软雅黑，如图 2.3.1 所示。

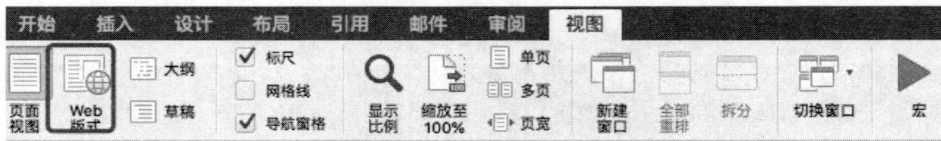

图 2.3.1

Web 版式方便横向浏览内容，微软雅黑字体看着比较舒服。

在需求概述中，图 2.3.2 所示为一个需求文档的开头，表示目前该需求的大体情况，让开发人员或测试人员知道该文档是做什么的、该文档当前的状态、该需求的负责人是谁、修订版本（当前文档的修订版本，并不是产品的迭代版本）是哪个。

图 2.3.2

对于产品助理来说，这个文档的开头已经够用了。随着后期的积累，我又添加了项目背景概述、需求来源、关联负责人、需求执行成员（项目成员）、需求执行周期（项目周期）等。

2．项目背景概述

当前 UGC 模块的功能为发帖功能、点赞功能、评论功能、转发功能。

用户执行发帖流程：发帖入口—输入内容—发帖完成。

我对 UGC 模块的功能进行了优化，增加了过滤功能，用户可以屏蔽不感兴趣的内容，增加了话题功能，用户可以对感兴趣的内容进行选取。

我将用户发帖流程进行优化，在不影响发帖体验的情况下，增加了话题路径，丰富了用户的选择，使平台内容多样化。

3．需求来源

本次需求来源的负责部门为产品部。

4．关联负责人

关联负责人如图 2.3.3 所示。

相关部门	负责人	部门 Leader	备注
市场	王二	王二老大	深圳分公司
运营	无	无	……
客服	无	无	……
业务	无	无	……
产品	Kevin	Kevin 老大	……
其他 1	……	……	……
……	……	……	……

图 2.3.3

5．需求执行成员

需求执行成员如图 2.3.4 所示。

职责	名称
PM	Kevin
UE	王二
UI	王二
前端	王二
服务端	王二
iOS	王二
安卓	王二
测试	王二
项目经理（若没有，则可以填技术总监或产品负责人）	王二

图 2.3.4

要说明的是，很多团队可能没有以上职位，尤其是在创业团队中，可能一人做多事，可以将做这个项目的人员拉进来。产品经理可能会做 UI、UE，类似这样的情况，也需要填表。

当然，敏捷开发的创业团队可能会当面沟通，文档中存在执行成员与否反而不重要，本来人就少，大家都心知肚明了。

6．需求执行周期

这里要说一点，这个需求执行周期适用于我目前的团队，有两次评审。但是开发需求评审的周期和 UI 评审的周期是反复的、漫长的，并不是要填写每一次的评审开会时间，而是要填写完成时间，如图 2.3.5 所示。

执行项目	完成时间
概念方案设计	2017-5-21
开发需求评审	2017-5-21
UI评审	2017-5-21
开发	2017-5-21
功能验收（测试）	2017-5-21
灰度发布	2017-5-21
产品上线	2017-5-21

图 2.3.5

例如，目前评审处于开发需求评审中，还没做 UI，在开发需求评审中往往会去掉一些需求，产品经理需要及时收集、调整。

7．更新记录

更新记录（如图 2.3.6 所示）可能在开发需求评审后，也可能在开发中，毕竟有一些需求是在开会中不会遇见的，只有在开发中才会发现。

文档版本	填写时间	变更人	属性	描述
V1.0	2017-6-13	Kevin	新建	全部
V2.0	2017-6-15	Kevin	增加	过滤功能，增加相应功能的来源、内容类型的判断，默认为广告低俗、不感兴趣
V3.0	2017-5-5	Kevin	修改	XX
V4.0	2017-8-8	Kevin	删除	XX

图 2.3.6

文档变更分为 4 个属性：新建、增加、删除、修改。

新建默认为相应模块的首次使用，后期文档的修改用增加、删除、修改即可，这里需要将修改、增加的地方加入超链接，以便开发人员查阅。

8．需求结构图

需求结构图主要是让设计和技术开发人员了解产品需求的结构，描述顺序为主功能→子功能→子功能详情页。以智行火车票为例，它的需求结构图如图 2.3.7 所示。

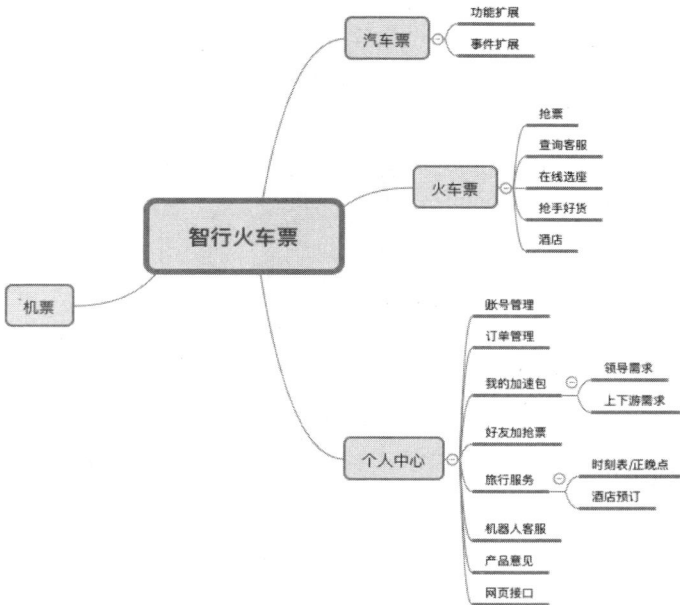

图 2.3.7

这里建议将每个页面添加链接后加上页面详情，以方便相应人员查看。链接的层级为功能模块→子功能模块→详情页面。

当然，这样比较浪费时间，可以只做需求结构图，而不做链接形式。

9．数据间关系

如果功能模块中涉及用户对象和功能流程，那么可以将相应的流程涉及的数据关联以流程图的方式展现，如图 2.3.8 所示。当然也可以用思维导图，可以方便测试人员和开发人员知道哪一个数据是哪一个对象的，并且标注在哪一些流程中，需要什么条件为数据。

上面的描述方法建议在大的功能模块中使用，一些小的功能模块可以忽略不梳理，比如一个很常见的广告要用的数据关系可以不展示，与开发人员直接沟通好就行。

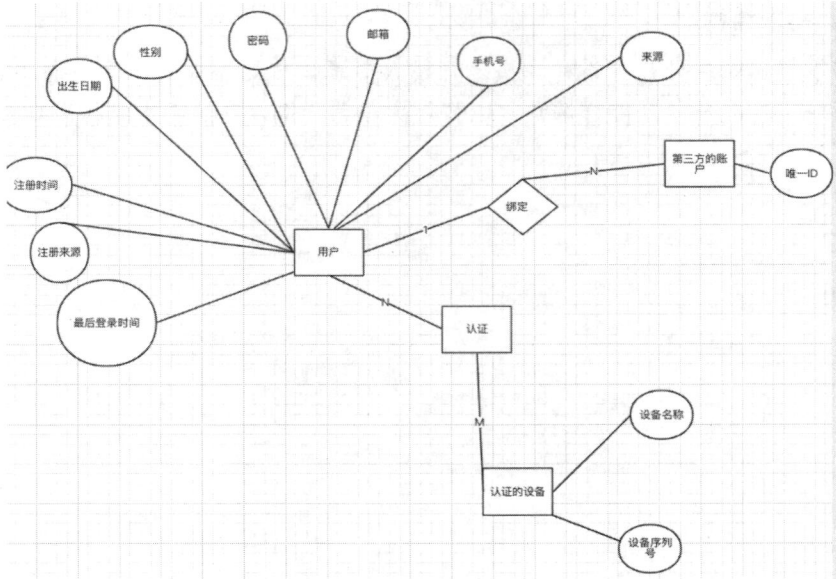

图 2.3.8

10. 全局说明

全局说明可分为 3 类，如图 2.3.9 所示。

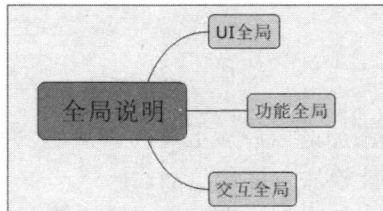

图 2.3.9

产品经理一直被认为是既要懂开发、设计，又要懂心理学的全能人，但又不需要所有都精通，尤其是在创业团队中，并没有 UED（用户体验设计）等专属部门，产品经理需要输出全局说明。全局说明，在所有的功能 PRD 中，都需要体现。

11. 全局交互

比较常见的全局交互控件有弹层对话、加载、弹层菜单、搜索、导航、表格、按钮、列表、进步器。产品经理需要将页面中涉及的相应的全局控件或交互置于文档中，在 UGC 模块中，弹层对话控件与加载控件涉及全局，UGC 模块中全局弹层对话控件如图 2.3.10 所示。

图 2.3.10

加载控件分为以下 3 种：页面加载中、内容加载中、加载结果，如图 2.3.11 所示。

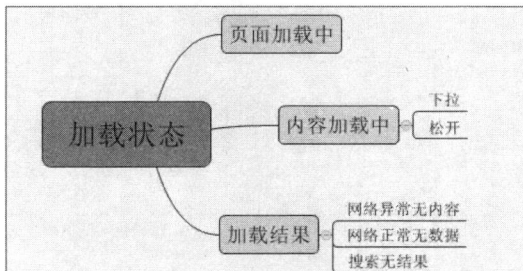

图 2.3.11

（1）页面加载中，如图 2.3.12 所示。

图 2.3.12

（2）内容加载中（下拉、松开），如图 2.3.13 所示。

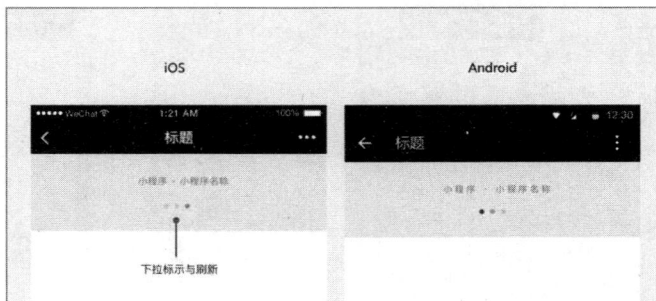

图 2.3.13

（3）加载结果。

① 页面加载网络正常却没数据，如图 2.3.14 所示。

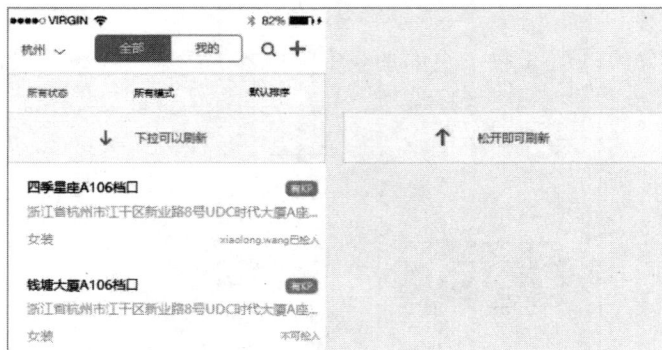

图 2.3.14

② 页面加载网络异常，如图 2.3.15 所示。

③ 页面加载搜索没有结果，如图 2.3.16 所示。

图 2.3.15

图 2.3.16

在文档中，全局交互分为页面间交互与页面内交互。

1）页面间交互

页面间交互是 Native（系统原生）的交互，另外需要注意 H5 网页的交互默认是不作处理的，是淡入淡出的效果。页面间交互可以自定义，但对于最终进入哪个页面、每个页面从哪些地方可以进入、可以退出等，产品经理或交互设计师需要说明。图 2.3.17 所示为页面间交互的说明。

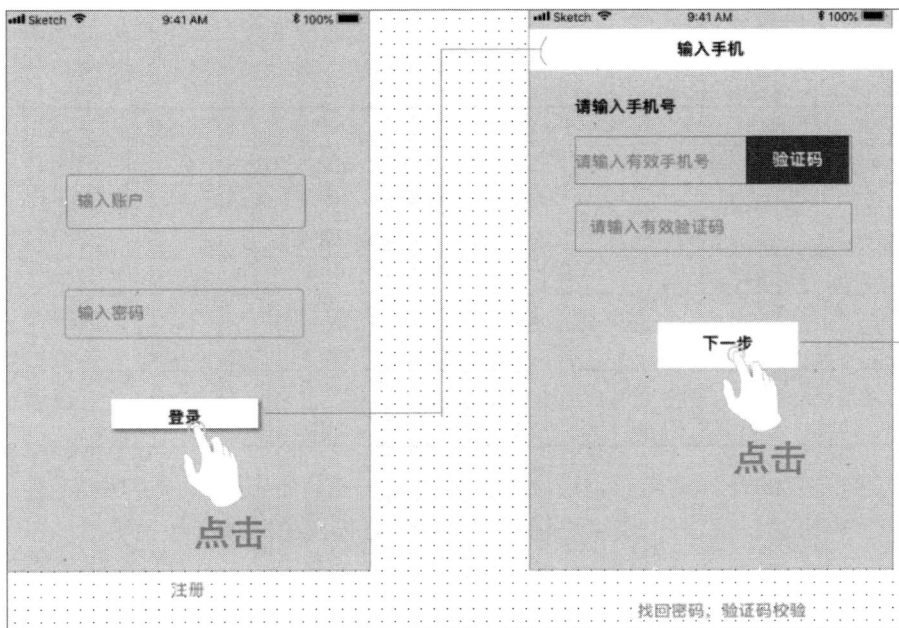

图 2.3.17

2）页面内交互

图 2.3.18 所示为移动端的页面内交互,可以看到基本为目前常见的人类手势,当然还有长按、双击等交互。

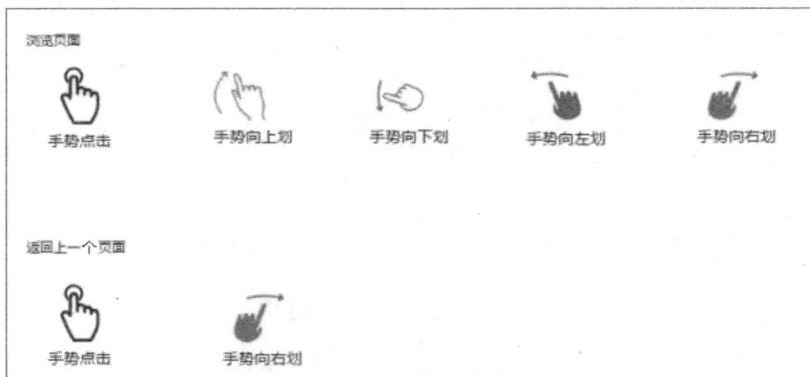

图 2.3.18

12．功能清单

在 UGC 模块中,表 2.3.1 为相应的子功能,以便设计人员、开发人员以及测试人员对工作量评估。

表 2.3.1

产　　品	模　　块	子模块/子功能/子页面	描　　述
XX_APP	UGC 社区模块	过滤功能	用于过滤用户垃圾信息,并且给予用户屏蔽入口
		话题功能	增加内容分类,将 UGC 社区模块内容进行区分,方便运营管理
	登录模块		
	个人中心	账户	
		密码	

值得注意的是,可能一个模块下有子功能,子功能下面还有子功能,建议为了方便查看文档,以两个层级进行区分,在后方描述的时候进行说明。

13．业务流程

业务流程默认为从用户开始。按照用户的操作可以将流程分为前端和服务端,告知相应端开发人员应该做什么、不应该做什么。

　　移动端流程指向的用户相对单一，当然也有按照用户角色进行区分的流程，常见的便是在 ERP 或者一些后台产品设计中，产品经理需要根据不同的角色绘制相应流程。

　　比较常见的流程图画法如图 2.3.19 所示。流程图是产品经理展示逻辑和业务流程的工具，也可以用于留底。在一些成熟性公司中，PRD 不仅起着留底的作用，还可以将产品逻辑和用户使用逻辑描述得很清楚，方便开发人员和测试人员知道如何开发和验收，涉及数据交互的都应该在服务端。

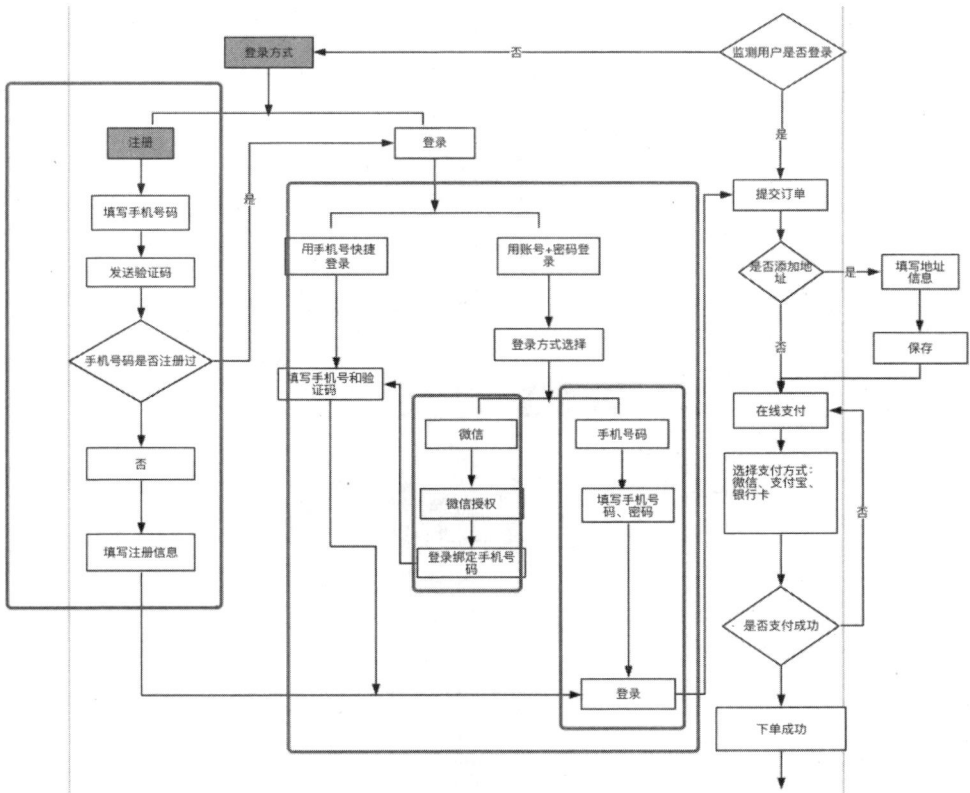

图 2.3.19

14．需求、功能描述

　　这里是 PRD 的主要部分。按照功能点分类，将不同的子功能分别列举。将功能的每个页面进行列举，比如某一个功能下面有页面 1、页面 2、页面 3……如图 2.3.20 所示。

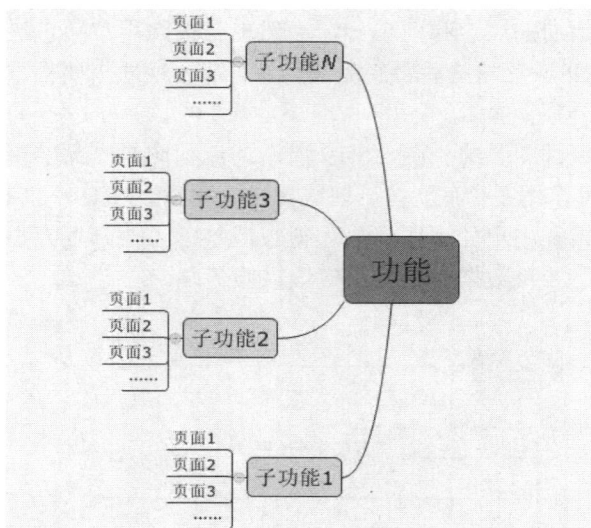

图 2.3.20

接下来在文档中我们需要展现以下 4 个内容，如图 2.3.21 所示。

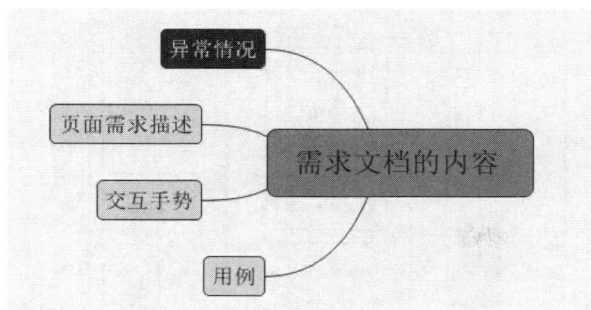

图 2.3.21

1）页面需求描述

该页面是干什么的？该页面在什么地方出现？在什么时间出现？需要什么条件才能出现？

2）交互手势

当前页面能做什么交互手势？哪些手势不能做？

交互手势如图 2.3.22 所示，对于不同的 iOS 与 Android 版本可以添加不同的手势，如果不能确定在某功能或页面下能否添加手势，则可以与开发人员沟通。

图 2.3.22

3）用例

用例描述点击相应控件或位置后，进入哪一个页面，以什么方式进入这个页面（滑动？弹出？）。

这里以开红包方式描述。

用例：点击"开"，左划页面进入红包首页，用例结束。

4）异常情况

知晓异常情况能够反映产品经理的经验丰富情况，经验丰富的产品经理可以知道该页面下到底会不会出现异常情况，并且可以预知异常情况？

15．数据统计需求

到此为止，PRD 差不多完成了 70%，接下来便是为后期验证做的一些辅助性跟进，即数据统计需求。我们也需要在文档中撰写数据统计需求，当然如果有专门的数据部门，我建议产品经理可以交给数据部门完成，产品经理将其需求过渡给数据部门。

不懂数据的产品经理肯定不是好产品经理，为了能够了解产品的哪些地方有数据统计，我把相应的数据要求提交在文档中，如表 2.3.2 所示。

表 2.3.2

模　　块	页面名称	页面分级	需记录数据
UGC 模块	领取红包	二级	IP、地区、手机型号、时间戳、第三方 ID、用户 ID

16．其他需求描述

综上所述，一个 PRD 就基本完成了，但在工作中一个功能模块或一个版本的迭代往往还需要涉及其他需求，涉及人力、财务资源的需求，以及每次评审或小团队沟通的记录。下面给出一些需求描述（包括服务需求、营销需求、法务需求、帮助需求、风险描述、沟通记录），可以集中放置于项目文档或该 PRD 中。

1）服务需求

服务需求涉及产品客服，产品经理需要知道客服在遇到问题时使用了多长时间、相应问题的解决方案是什么、每个问题的优先级是什么。产品经理需要从客服处得到什么信息，这需要产品经理对当前产品做数据分析，更好地对接资源。服务需求见表 2.3.3。

表 2.3.3

预计服务事件	预计服务频率	场景描述	服务解决方案	预计需要协助人	成本
客户投诉	10 次/周	用户无法登录 App	客服使用账户进行	Kevin	10min

这里要说明的是，我建议把成本做成标准，如果是价钱就统一为钱，如果是时间就统一为时间。

2）营销需求

营销需求和服务需求一样，也需要产品经理进行数据分析，为达到目标做一个预计营销需求，当然营销的平台与方式可以和营销部同事进行沟通。

3）法务需求

法务需求见表 2.3.4。

法务需求与服务需求和营销需求类似，可以合成为一张表格，按分别的需求资源供应方分类，这样我们可以更快地在一张表中了解该项目的资源消耗情况。

4）帮助需求

帮助需求可以解释为 FAQ（问题）培训，产品上线后我们要对该项目涉及的人员培训，建立相应的 FAQ，活动类模块也需要运营提供活动 FAQ。

表 2.3.4

预计服务事件	预计服务频率	场景描述	服务解决方案	预计需要协助人
注册协议	1 次	注册时用户阅读注册协议	法务拟定，法务审核，运营审核	×××

5）风险描述

风险描述见表 2.3.5。

表 2.3.5

预计风险事件	风险来源	关联责任部门	解决方案
优惠礼包被恶意刷	外部风险	产品部；技术部	根据运营规则，阻止客户恶意刷优惠礼包
客服不知道如何注册账户，造成客户问题	内部风险	客服部	客服部门进行自寻

如果是功能模块迭代可以说明为版本风险，但是在产品的迭代中，需要明确新增、取缔的风险，描述其可能存在的风险隐患。

提前说明风险能够给老板一些心理准备，当然风险预测不是万能的，如果出现一些技术无法解决的问题也需要产品经理注意预防。预测风险也是产品经理的能力。

6）沟通记录

评审中的会议沟通记录如图 2.3.23 所示。

沟通日期	2017/06/16	意见确认人	Kevin 领导	意见数量	1
意见 1 描述：					
提出人：Kevin 领导					
解决方案：××××					

图 2.3.23

2.3.2　填填改改，撰写产品文档的一些技巧

对于交互说明，我们可以采用很多种标注形式，比如一级标题的标注是 1，二级标题的标注是圆点、abc 等，三级标题再进行变化，而不是采用一成不变的从 1 写到 99。我们要让前端工程师、交互设计师能够知道交互的变化，记录相关进度，方便产品经理们对接上下游。交互说明和交互文档分别如图 2.3.24 和图 2.3.25 所示。

在文档中要随时保存时间，以及修改内容，方便下次打开文档时知道修改的来龙去脉。

撰写 PRD 是每个产品经理必备的技能，在写 PRD 的时候我们会选择用原型或文档的形式表达，但不管采取哪一种表达的方式，我们最终希望能够一次通过评审直接落地需求，在描述 PRD 中有 8 个机制是我们常常忽略的：退出机制、显示机制、排序机制、刷新机制（加载机制）、缓存机制、中断机制、删除机制、推

送机制，如图 2.3.26 所示。

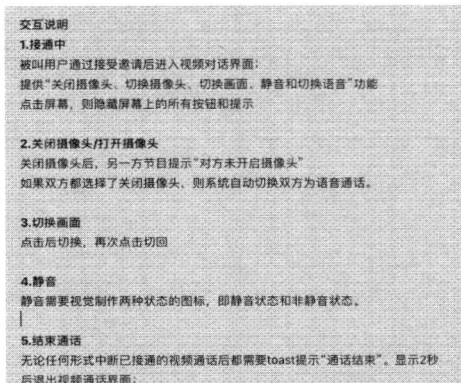

图 2.3.24

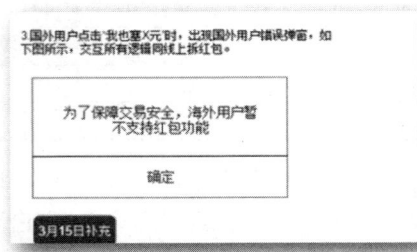

图 2.3.25

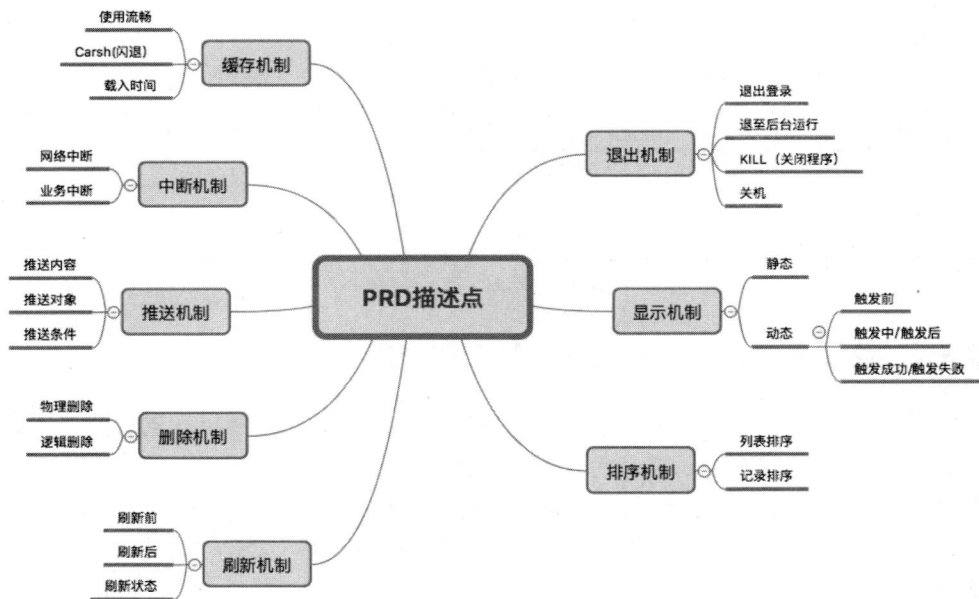

图 2.3.26

这 8 个机制是我们在描述 PRD 中常常容易忘掉或者已经描述但没有做分类细化的描述。对于常用的存在于交互层面上的显示机制，不同的页面或功能在不同的用户行为下其显示效果和交互会有变化。

2.3.3　产品竞品分析文档，知己知彼

1．竞品分析的方法

1）页面分级，业务流程对比法

页面分级、业务流程对比法如图 2.3.27 所示。

对于下面的情况，首选页面分级、业务流程对比法：①有一些竞品，但是产品经理不能找到竞品开展调研。②在公司的排期下没有多余时间。③公司立项，需要参考竞品。

这种方法不仅要求产品经理对产品功能了如指掌，最重要、最困难的是要了解其主要业务流程，以及相关跳转页面。

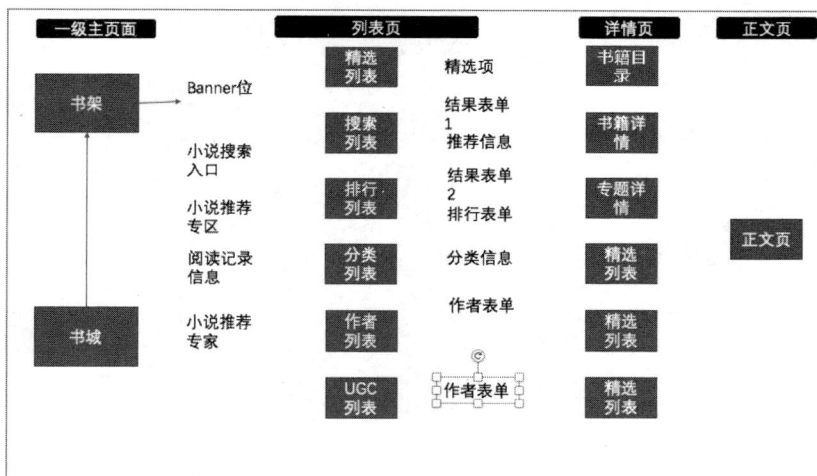

图 2.3.27

2）层级对比法

层级对比法是目前比较普遍的一种交互分析方法，把每个页面的截图留下，然后进行层级划分即可，如图 2.3.28 所示。但要注意竞品是否页面太多（比如系统对比、某个平台系统对比），如果页面太多就会导致产品业务无法复制，而页面太少则会导致业务无法满足。

3）页面拆分对比法

页面拆分对比法是将自己的产品和竞品的主要业务的页面拆分对比的方法，如图 2.3.29 所示。这样，页面的截取就没有难度了，也不需要实际使用每一个竞品。当然，这种方法的竞品交互分析只能用于最简单的竞品调研。

图 2.3.28

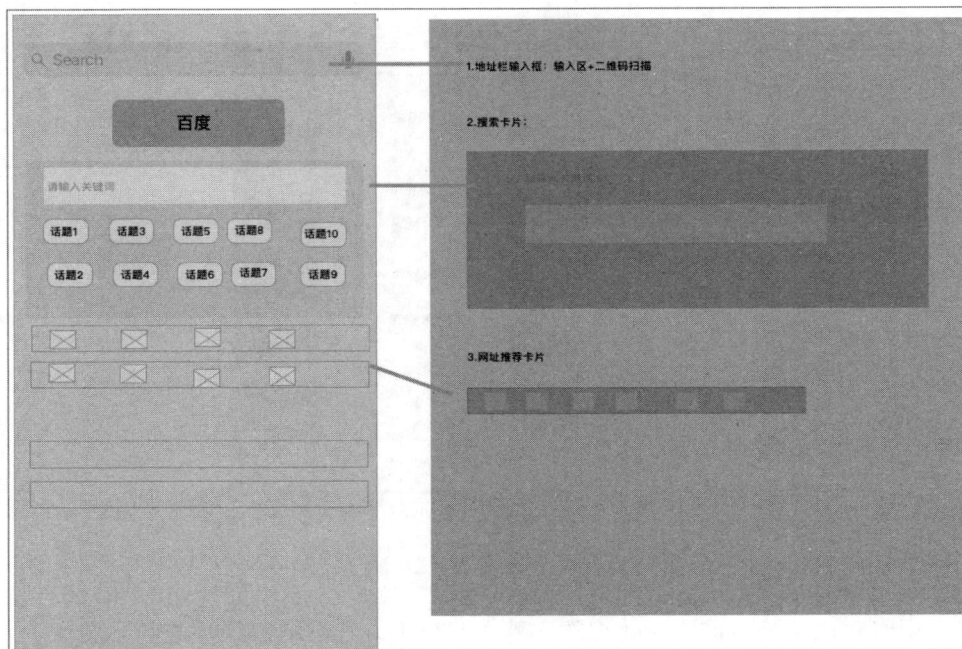

图 2.3.29

2．竞品分析的内容

1）基础结构分析

基础结构分析可以从信息架构、交互、功能入口 3 个方面分析。这样，产品结构会比较清晰地展现，同时通过比较不同的结构，我们可以找到自己的产品与竞品的优势与劣势。

2）赢利模式分析

可以自己探讨竞品可能存在的赢利方式，以表格的方式收集，然后对比自己的产品。QQ 音乐与网易云音乐的赢利模式对比如图 2.3.30 所示。

产品	广告		会员增值服务	内容付费	商城
	开屏广告	首页上方轮播图			
QQ 音乐	√	√	√	√	×
网易云音乐	√	√	√	√	√

图 2.3.30

3）运营模式（商业模式）分析

我常常会把运营模式分析放到最后，我认为首先要考虑对方公司的自身资源，其次要了解竞品功能，以及竞品用户，最后综合判断运营模式，如图 2.3.31 所示。

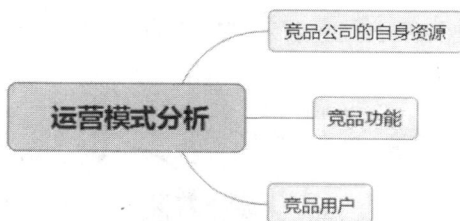

图 2.3.31

产品经理要知道竞品分析的架构如何、竞品分析的总结怎么写。新产品经理在撰写文档时无法得出有效输出的核心原因是仅仅体验了对方的产品而没有总结。我曾经负责过 OTT 盒子产品设计，对智能硬件产品做过调研和竞品分析，在这个文档中产品经理需要得出一些关键性的结论或指标，帮助现阶段的产品找到自己与竞品的差距，及时做好版本迭代计划。以此为例，我来说明结论如何有效地输出。

在竞品分析之前，每个产品经理都应该确定一个目的，但这个目的各种各样：①寻找可借鉴学习之处；②调查竞争对手情况，以便做好应对策略；③作为融资计划的参考数据；④为了求职而不得已写一份目标公司的竞品分析。

目的不同，我们输出的结论也会不同，即使分析的对象或产品的逻辑复杂，目前无法准确判断得到推论，也应该有一个“当前结论”。

竞品分析要能够分清主观与客观，新产品经理在做竞品分析的时候往往过于主观，所做的竞品分析难以让人信服和接受。

例如，“这个页面我比较喜欢”就比较主观，可以分析一下喜欢的原因是什么，是更简洁，是间距合适，是色彩更好，还是交互效果更好？

"这个下单流程体验还不错"也比较主观，好在哪里？是加载更快，是步骤更少，是更符合原有习惯，还是支持的支付方式更多？

要用客观的话描述竞品，少用主观语，要增加可信度、数据，不要让阅读的人认为你在信口开河。

除了阶段性的竞品分析外，如果有多余的产品资源或运营资源，我建议团队可以做竞品监测，监测方式有很多种，包括评级监测、产品迭代监测、运营监测，监测的维度满足团队需要达到的目的即可。

2.3.4　产品体验报告

从一个好的产品体验报告结构中我们既可以快速了解同行业产品，又可以全面总结自己产品的优势与劣势。

产品体验报告框架如图 2.3.32 所示，其中启动导航和内容与资源需要注意（可根据产品的性质进行变动）。

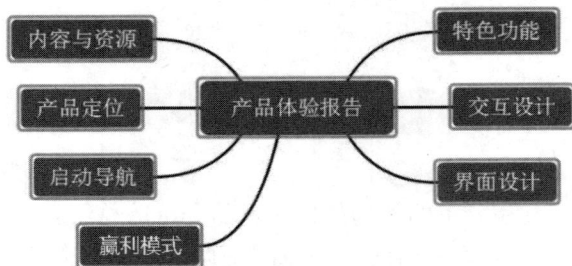

图 2.3.32

1．启动导航

在开始 UI 设计时，产品经理要时刻跟进 UI 设计的工作。用户看到产品的第一眼往往并不是主页面，而是这个应用、系统的启动画面，从这里可以看出产品经理的功夫深浅。

2．内容与资源

内容与资源可以针对竞品行业的现状单独增加或删除，一些竞品的资源可能涉及不同含义，如电影类是影视资源、图片类是图片资源等，需要根据不同的应用进行区分。

产品体验报告各项内容的排序模板如图 2.3.33 所示。

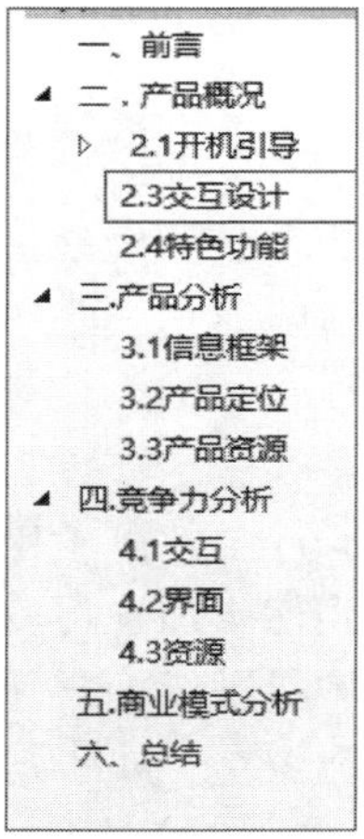

图 2.3.33

产品经理在查看和使用产品体验报告的时候，可以采用 MECE 方法。MECE 方法即把一个工作项目分解为若干更细的工作任务的方法。它主要有两个原则：①完整性原则。即在分解工作的过程中不要漏掉某项，要保证完整。②独立性原则。强调每项工作之间要独立，每项工作之间不要交叉重叠。

2.3.5　关于 PRD 多说几点

在产品需求文档中，要提及新人容易遗漏的几点。这些虽然不是产品需求文档中阅读人员最看重的部分，但可以大大提升阅读人员对整体需求框架的理解并清楚需求的明细。

1．背景

为什么要这么做？这个需求来自哪里？这些都需要说明，要让参与者没有"产品经理没事就知道找茬"的感觉。

2．整体框架

可以放一个信息架构图等，一定要有一个大纲，可以放超链接，以方便用户在阅读的时候点击相应的板块。

3．原型设计

可以说明相应的改动，如果以调整页面、交互为主，就以相应的目标分类。当然，完全可以根据自己的需求表示，如果要增加功能，就以功能的分化表示，用脚注标识。

4．原型操作说明

产品经理应该写一份原型操作说明，这样可以使自己更清楚，也可以让用户或老板知道自己在相应功能上花费了多少心血。

5．脚注

在设计原型的时候，应该做脚注，让某个模块有具体解释，方便阅读产品需求文档的人对照原型快速理解，当然脚注也可以与原型设计相应的功能结合在一起，给相应功能做一个脚注会更容易理解。脚注不要太多，如果功能跨越页面较多，就以一个单独的标题统计，如图 2.3.34 所示。

脚注	详细说明
1*	描述内容
2*	描述内容
3*	描述内容
4*	描述内容
5*	描述内容
6*	描述内容
7*	描述内容
8*	描述内容
9*	描述内容
10*	描述内容
11*	描述内容
12*	描述内容
13*	描述内容
14*	描述内容

图 2.3.34

6．时间和排期

项目人员通过时间和排期可以知道功能优化的优先级情况，也可以知道需求进度的大概轮廓与时间线，这样方便产品经理安排后续工作与跟踪项目。

2.4　需求管理与项目管理

2.4.1　时序图

1．时序图的意义

时序图（Sequence Diagram），亦称为序列图、循序图或顺序图，是一种 UML交互图，如图 2.4.1 所示。它通过描述对象之间发送消息的时间顺序显示多个对象之间的动态协作。它可以表示用例的行为顺序。当执行一个用例行为时，时序图中的每条消息对应了一个类操作或状态机中引起转换的触发事件。

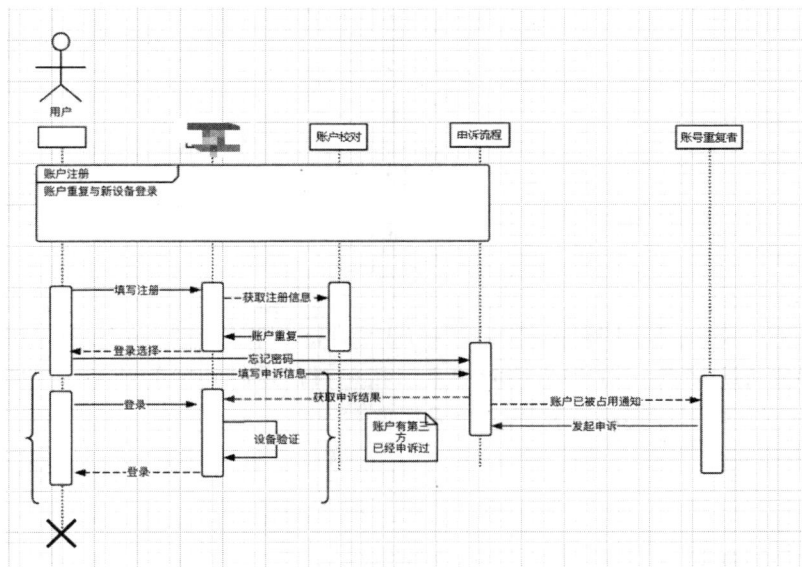

图 2.4.1

产品经理最关注的或许是时序图在什么场景下使用或者在什么时候需要做时序图。

这里总结 3 个需要使用时序图的场景：① 逻辑复杂；② 流程长；③ 涉及部门多。

产品经理如何使用时序图？不用写对象或者接口吧？那不是开发人员的语言吗？新产品经理可以按以下几个部件做。

1）生命线

生命线（用虚线表示）表示这个对象（或者业务对象）的生命情况，表示其业务部门相应的动作或流程。生命线是时序图中常用的标志（如图 2.4.2 所示）。

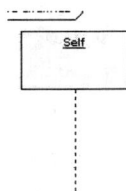

图 2.4.2

2）激活

激活表示当前的对象或业务部门存在相应的流程，一般从头表示激活状态，下边与上边的区别在于，上边的顺序是先于下边的。时序图激活模块如图 2.4.3 所示。

图 2.4.3

3）消息

消息模块如图 2.4.4 所示，实线表示同步消息，即下一步处理动作。虚线多用于表示返回消息，表示在到达相应的激活状态时，返回相应的消息，箭头表示业务流转的方向，可以是验证状态、检验机制等。

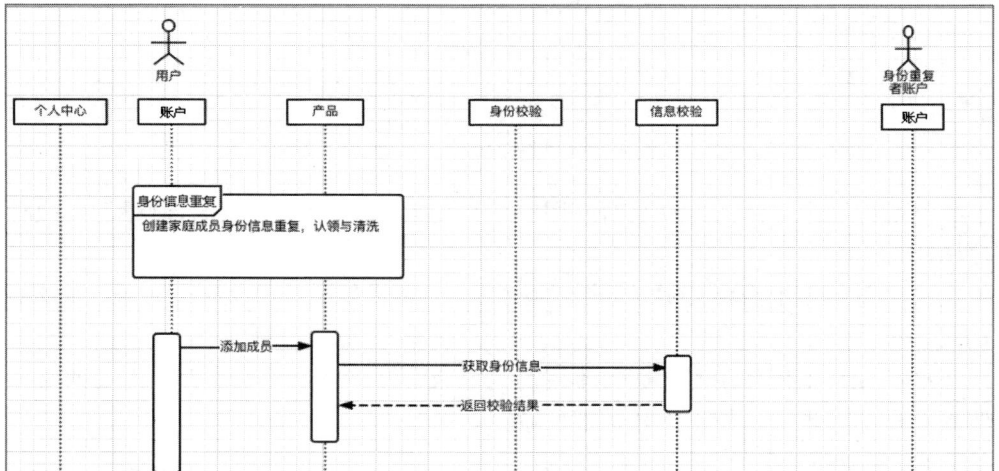

图 2.4.4

时序图可以让测试人员能够更快地知道产品经理的逻辑和整个业务的逻辑。特别是在业务的逻辑大于产品经理的逻辑场景下，产品经理只是负责其中某一块的逻辑，大多数时候用泳道图就足够了。

产品经理在工作中除了做前端需求之外，较为复杂的工作是在所属企业或者产品架构的基础上建立系统流程和业务逻辑。这两点要求我们在工作中除了熟悉自身产品之外还要不断地体验同类产品，要将分散的逻辑和业务模块集合在自己的头脑中。在头脑里，我们将零零碎碎的业务片段和逻辑最终统一为一个合理的流程方案。

2．你的产品方案做出来了，如何让别人知道关键点呢

我们面对业务的梳理和逻辑的流程梳理时可能遇到以下几个问题。

（1）当前的业务或流程怎么样？

（2）现在的体系带来的问题是什么？

（3）业务或流程的新版本改变优先级是什么？

通过体验产品我们可以很快地梳理当前的业务或流程，比如登录账户体系或订单体系以及产品服务体验流程。在测试人员或开发人员为我们开通一个测试账号后我们即可体验完整的过程。

我们做复杂的业务流程都是在重构或者在从 0 到 1 搭建。对于这两种流程来说，产品设计的侧重点是不同的。

前者的侧重点是如何在改动小的情况下落地需求，而后者的侧重点则是在从 0 到 1 搭建的情况下落地需求。

在体验产品的业务或逻辑流程后，不要一开始就采用 Axure RP（原型工具）做页面的落地。对于业务流程和逻辑来说最复杂的是将头脑中的流程具体地体现在纸上、体现在评审中，展现出来内容。一个流程要有开头和难点，如图 2.4.5 所示。

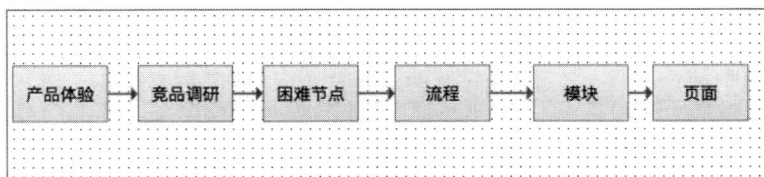

图 2.4.5

2.4.2　项目管理

每个产品经理在工作中都会遇到产品进度总是推迟、没办法按时完成、经常出现产品回归、新的排期排不上等情况，如何处理这些问题呢？可以按照以下 8 点来做。

1．产品需求文档时刻同步

都说产品经理的工作是写需求文档，那么产品需求文档的用处在哪里呢？

（1）测试结果验证。测试人员需要产品需求文档进行验证，好的产品需求文档需要把每一次的功能反馈标明，如图 2.4.6 所示。

用例ID	功能模块	子功能模块	用例标题	重要级别	预置条件	测试输入数据	操作参数	预期结果
	登录							
用例名称	登录		验证用户未登录时，打开觅我App默认进入登录页面	高	用户未登录		打开觅我App	1、默认进入登录页面 2、登录页样式正确：输入框为空，两个按钮为灰色，不能点击
用例名称	登录		验证用户登录信息过期时，访问觅我App页面自动跳转到登录页面	高	用户登录信息过期		打开觅我App	1、页面切换到登录页面 2、提示：登录信息过期
用例名称	登录		验证输入正确的手机号和验证码可以成功登录	高		手机号：1772283×××× 验证码：8888	1、输入手机号 2、输入验证码 3、点击「登录」	登录成功

图 2.4.6

测试人员会把产品经理输出的需求文档作为最终底牌，如果遇到后台或牵涉多个产品、逻辑特别复杂时，我建议产品经理帮助测试人员测试，这样才能将不合理的设计列出来。

（2）开发的依据。产品需求文档也是开发的依据，当然很多产品经理可能会说"我们公司的开发人员都不看文档或者都不仔细看文档"。

在工作中开发人员常常不看文档而先看原型，在每次版本总结或者年会总结的时候，留底产品需求文档可以保护产品经理。在老板问这个模块为什么没做好时，如果开发人员说没有需求，那么只要拿文档来对比就可以了。

切记一定要注意文档更新和同步。更新的意思是在有新的需求或变更时进行同步，同步的意思是文档要及时上传到 SVN（团队协作云盘）或团队内部。

2．清楚开发人员是谁

这里说的开发人员是指你负责的模块或产品任务到底由哪一个或者哪几个开发人员正在负责。要时刻知道相应的开发进度，清楚相应的模块是谁负责，以便在产品优化中或产品上线后出现问题时，可以找到对应的人修改，增加产品迭代效率。

3．工作日志的记录

产品经理除了撰写文档之外，任何工作记录都必不可少，最好以周报或工作日志的形式记录。

4．确定上线时间

排期的时间一旦确定（当然需要通过评审或内部讨论），就需要将产品上线时间定下来，除了突然有很高的优先级需求插入（比如老板临时调整）之外，都要保证项目准时上线。

5．优化项目与查缺补漏

什么是优化项目？优化项目是指由于开发工作量小（两个工作日内）而出现的需要修改的有文案错误、UI 错误等明显错误的项目。优化项目并不是产品需求中没有开发的功能。产品经理要注意对优化项目整理，然后查缺补漏。

6．将项目排期到极致，时刻让时间跟着项目走

要明确你的开发人员是谁。了解与熟悉开发人员是项目管理中最基础的一环。下面以我曾经负责的一个类似朋友圈的移动端模块为例。首先你要知道在产品经理工作的上下游有哪些资源是你的。当然有一些大公司有很多产品经理和项目经理，如果有一个项目经理为你分化开发排期和整合资源，那么你就只需要确定相应的上线时间和需求上线时间，其他的交给开发人员就行。常用的项目管理软件为 Teambition、禅道、Project、Worktile、JIRA，你可以用项目管理软件管理相应的产品进度。在开发中，产品经理需要时刻了解目前开发的进度与整体项目或产品的开发情况，当然用 Excel 或思维导图进行统计是没有错的，但用更好的项目管理软件能够时刻了解进度与排期是否保持一致。如果能够了解相关负责人，就可以保持项目开发进度不拖欠，保证后续需求可以有条不紊地进行。

（1）时刻与需求方保持沟通，一旦产品排期推迟，与需求方同步。

（2）在优先级确定后，要与需求方确定次优先级的功能点，准备相应的产品评审。

（3）如果遇到沟通不了的问题，可以去找团队领导沟通，要时刻注意同步当前面临的问题和解决的方式，千万不要以打小报告的形式解决。

大部分的团队产品经理既是项目经理，又是产品经理。产品经理要会用排期，大部分的排期是开发的组长管理，可以用 Excel 或排期软件。

很多时候需求来自领导等，如领导说："后天这个需求就要解决！"在这种比较紧急的需求下，排期往往浪费时间，整个部门都会调用核心资源，就没有排期可言了。产品经理就只需要按照你被要求或你要求的上线时间来定即可。

7．时间计划

在工作中，我们可以用甘特图或 Project 管理工具管理产品的开发负责人、开发周期、工作描述。在遇到大版本迭代、参与人数多或需求变动比较频繁时，我会采用 Project 管理项目，如图 2.4.7 所示。

从图 2.4.7 中我们可以看到每一个阶段会有哪些任务，每个任务会消耗的时间或精力。产品经理要随时知晓自己需求的开发进度，并及时检验。在需求评审落地过程中，产品经理对大的需求可能会遗忘一些产品逻辑或细节字段。

在使用 Project 管理工具时，需要注意各个项目任务的前后流程、人员关系，要清楚时间节点或评估时间节点。如果随便做一个时间节点，开发的周期可能更长，那么这个项目周期的管理就没有意义了。

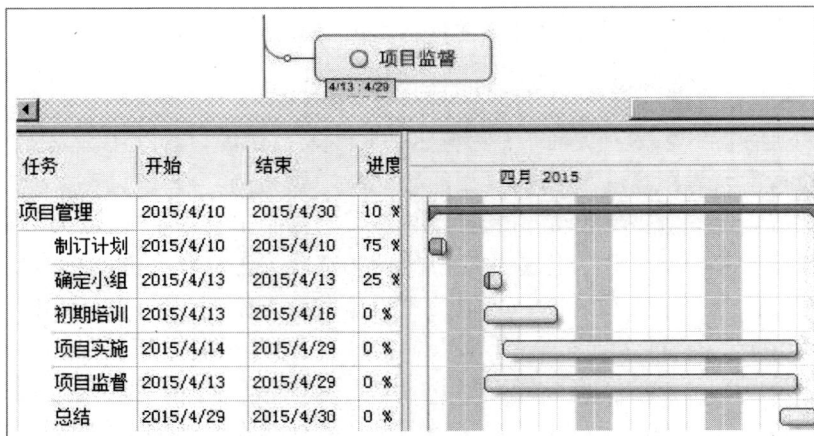

图 2.4.7

8．需求跟进

前面说过，有的团队可能是项目经理或者老板直接跟进需求进度，他们时刻检查当时的产品是否符合预期或满足其需求。我们抛开上面的情况不说，产品经理要通过以上的节点跟进需求，了解现在的进度。比如，对于一个 App 中的某一个功能来说，到了周五交货时间（开发人员说给你测试包）产品经理就可以验收，看看现在是否满足其需求。

这个过程是频繁的、交际较多的，需求可以从图 2.4.8 所示的几个方面跟进。一个完整的产品上线流程离不开前端、服务端、移动端、数据端的开发人员。

产品经理跟进需求的第一步是时间节点，要跟进当前的开发需求完成情况，在实际过程中，经常会出现以下情况。

在团队中，经常会出现数据端跟不上前端的速度，前端需要等着接口的到来，这就是木桶效应。我认为在团队中应该尽可能避免这种情况的出现。

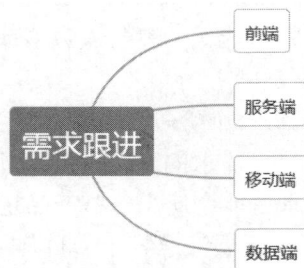

图 2.4.8

木桶效应的原理：影响装水量的是木桶中最短的那块木板。

我们把装水的量比作开发的进度，开发人员中如果有一个部门或某个人的工作影响了进度，就会导致整个模块的开发推迟。这也是为什么一个好的项目经理或好的产品经理能够迅速把控相应的问题，争取将团队的木桶效应最小化、开发资源利用最大化。每个团队的项目管理、团队大小不同，其反馈问题或同步问题的方式或流程也不同。在创业公司，或许开发人员就坐在产品经理旁边，当出现任何问题或情况时产品经理都能马上知晓。但在一定规模的团队或企业中，往往开发人员对一些出现了问题的需求没有处理或未完成处理，产品经理要根据时间节点才能追踪到相应环节出现问题的人或部门。这也是产品项目跟进中最频繁的工作，比如，客户端出现的问题是服务端导致的，产品经理就会找到服务端开发人员；服务端完成了需求，但客户端却出现问题，就去找客户端开发人员。

产品经理要保证需求能够顺利地发包，最终按时上线。

2.4.3　学会舍弃需求

在需求开发过程中，往往会出现一些需求评审中没有出现的问题或开发人员没办法估计的问题。好的情况是，这个需求经过评审得到开发人员的认可，他们可以做，但是需要推迟；坏的情况是，开发人员根本不认可，他们不做！

产品经理会说："这个需求能不能别少呀？在评审的时候你不说，现在才跟我说"。

这的确是执行过程与会议的区别，每个产品经理都心知肚明。好的产品经理能够在评审中找到关键的难点进行详细评审，新产品经理往往会以偏概全，不知道最大的问题在开发过程中。

在工作中，产品经理是对产品负责的第一责任人，如果你都不对你的产品负责，不想办法把产品往好的方向做，而只是以完成任务的心态，一个需求能做多少就做多少，那么这个产品最终能为你带来多少价值可想而知。当遇到上面的情况时，我们可以从图 2.4.9 所示的几个部分考虑。

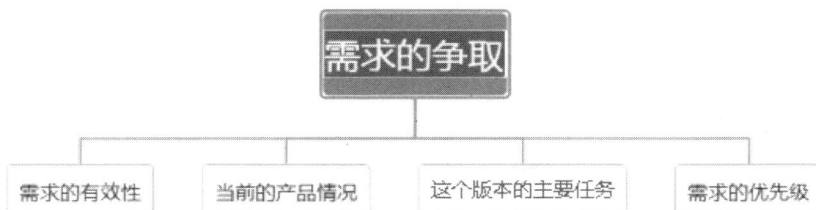

需求的争取

需求的有效性　　当前的产品情况　　这个版本的主要任务　　需求的优先级

图 2.4.9

可以从以上 4 个部分争取需求的开发资源，比如一个只有几十万个用户量的用户产品，每天产生的用户 UGC 只有 10 多条，是否有必要增加举报功能？举报功能是产品针对 UGC 的一个很好的过滤机制，但产品经理要想清楚当前产品是因为用户量和内容需要先做举报功能，还是因为风险控制才需要举报入口。

如果每天只有 10 多条 UGC 产生，那么产品重点应该是引导用户产生 UGC。如果只有 10 多条 UGC 产生，那么在后台可以采用人工删除的方式监控，在当前的用户基数或 UGC 量的情况下，可以不用考虑过滤情况。

很多产品经理说服开发人员做自己的需求，有时候是为了给自己争一口气。毕竟就算一个很小的需求，产品经理也要经过调研或者思考。在产品设计中，每个产品经理都希望自己的需求能够尽可能完整。

2.4.4　产品经理应该如何与测试人员有效地沟通

先抛出以下几个问题。产品经理是否应该了解测试情况？一个产品的交互设计是否合理？业务逻辑合理吗？大家有没有思考过，这是可以从测试中体现的。

产品经理需要及时了解未处理的 Bug，而不需要关注已经解决的。

图 2.4.10 所示为产品经理经常看到的一些测试反馈，产品经理对相应的状态要有相应的产品认识。

对于重新开启的 Bug，要考虑是不是产品的逻辑关系导致了产品不断出现 Bug。产品经理要及时更新产品需求文档，对于一些新加的需求，需求文档需要详细标注。这样，测试的结果才准确。

之前介绍过产品经理可以按负责的产品类型进行区分，或许部分产品经理是以模块划分的。不管如何划分，产品经理应当时刻对自己的产品测试报告进行回查。

Bug状态	
未分配	
不是缺陷	
未修改	
已修改	
不予修改	
延期	
被拒绝	无法重现
	信息不足
	重复的
已关闭	
重新开启	

图 2.4.10

在开发排期后，产品经理要主动获取开发排期表与相关开发人员的情况，随时跟进开发进度。在开发完成之后，产品经理要提测进行测试排期，要主动拿到测试排期。

尤其当团队中有两个以上的产品经理时，通过产品经理的工作分工，可以让负责该模块的产品经理查看产品的测试报告，提升产品经理验证和调试的速度。

某产品测试报告如图 2.4.11 所示。

ID ↕	P ↕	用例标题 ↕	类型 ↕	创建 ↕	执行人 ↕	执行时间 ↕	结果 ↕	状态 ↕	B ↕	R ↕	S ↕	操作
☐ 014	③	在输入的手机号中间加入空格	功能测试	admin				正常	0	0	0	▷ ☰ ✎ 🗐 ✕ ⚙
☐ 013	③	输入错误的密码登录失败	功能测试	admin				正常	0	0	0	▷ ☰ ✎ 🗐 ✕ ⚙
☐ 012	③	未输入手机号码登录失败	功能测试	admin				正常	0	0	0	▷ ☰ ✎ 🗐 ✕ ⚙
☐ 011	③	密码可修改	功能测试	admin				正常	0	0	0	▷ ☰ ✎ 🗐 ✕ ⚙
☐ 010	③	点击忘记密码跳转到密码修改	功能测试	admin				正常	0	0	0	▷ ☰ ✎ 🗐 ✕ ⚙
☐ 009	③	使用错误的验证码注册失败	功能测试	admin				正常	0	0	0	▷ ☰ ✎ 🗐 ✕ ⚙
☐ 008	③	使用错误的手机号码登录失败	功能测试	admin				正常	0	0	0	▷ ☰ ✎ 🗐 ✕ ⚙
☐ 007	③	填写正确的手机号、密码成功	功能测试	admin				正常	0	0	0	▷ ☰ ✎ 🗐 ✕ ⚙
☐ 006	③	点击登录，进入登录页面	功能测试	admin				正常	0	0	0	▷ ☰ ✎ 🗐 ✕ ⚙

图 2.4.11

测试分类如图 2.4.12 所示。

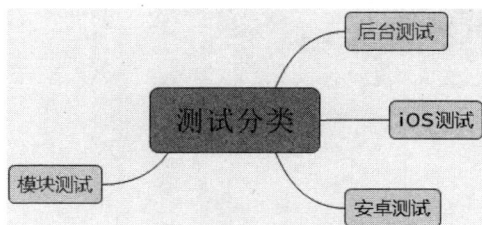

图 2.4.12

这样就不需要将所有的测试结果报告集中在一起给某一个产品经理验收，而且产品经理也不方便查看。

产品经理需要制定相关测试用例或测试报告。

测试用例是准备用来测试的数据，假设我们需要测试一个计算绝对值的程序是否正确，我们至少要准备一些正数、负数、0 作为测试用例，例如 -3、0、9 这一组数。

测试报告详细描述了测试用例的测试结果，也会包括测试用户里使用数据的边界状态，最后有测试结论。例如，我们输入 -3、0、9，这个程序的结果分别是 3、0、9，说明程序是正确的，可以评估开发人员的能力和项目整体的质量。

2.5 产品经理的工具技能

2.5.1 原型工具 Axure RP 7.0 与 Axure RP 8.0——产品经理应该如何选择

产品经理能够使用的原型工具越来越多，有的产品经理使用的工具为 Axure RP 7.0，有的为 Axure RP 8.0，在工作中不同的场景对工具的需求不同，以 Axure RP 7.0 与 Axure RP 8.0 两个版本为例。

（1）对于 Axure RP 7.0 与 Axure RP 8.0，产品经理关注的不同点是什么？

（2）如何选择合适的 Axure RP 版本？

谈及 Axure RP，最常用的是对部件组合和再定义，以方便对部件进行操作，但在 Axure RP 7.0 中，是没有部件组合的，如图 2.5.1 所示。而 Axure RP 8.0 可以提供部件组合。

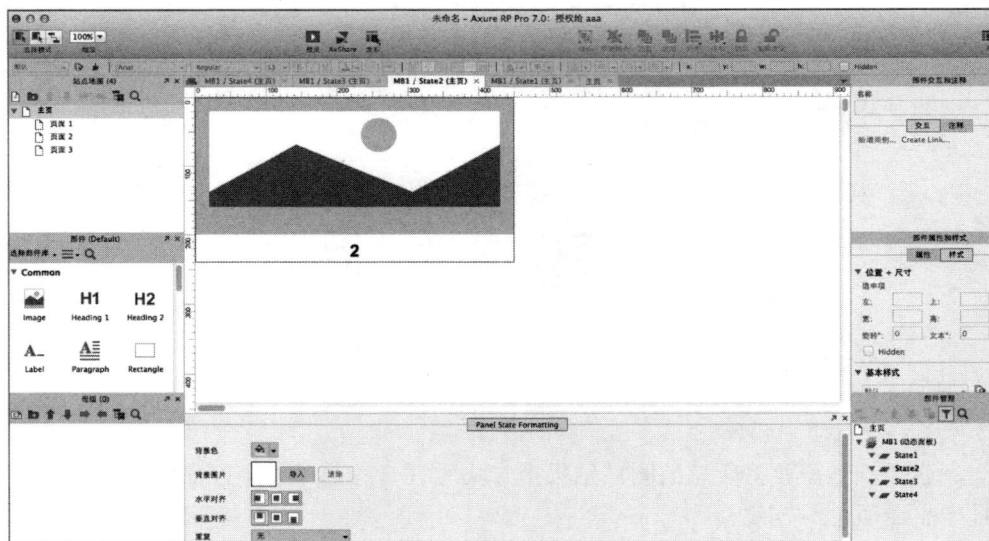

图 2.5.1

在文字与图标结合的原型中，需要反复使用组合的部件，如图 2.5.2 所示。

产品经理需要使用相应的命名区分组合的部件，以便对不同的交互事件进行动作编辑。另外，部件的组合可以通过不同的动作操作，如图 2.5.3 所示。

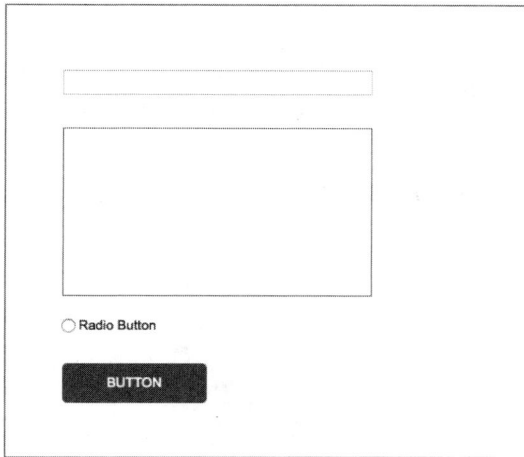

图 2.5.2

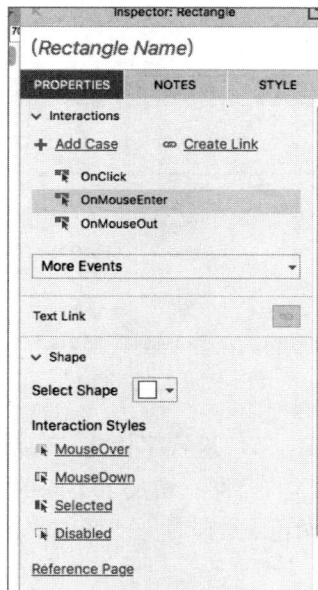

图 2.5.3

在 Axure RP 8.0 中，可以使用热区代替部件，多一个部件不如少一个部件。如果产品经理在预览原型时少一些部件的原型，那么预览成本会减少、工作效率会快速提高。要知道，在大量页面堆积后，Axure RP 就会逐渐卡顿，占用 CPU 和内存是非常可怕的。

　　良好的交互设计可以帮助用户使用其相应的功能，让用户能够按产品经理的想法走应该走的路线，而不是在某个路线中跳出到其他页面。

　　产品经理在操作中，使用 Axure RP 7.0 排版比 Axure RP 8.0 方便，可以一键式操作多控件居中、垂直排列等。

　　Axure RP 8.0 的排版按钮如图 2.5.4 所示。在页面上节约了很多空间，对 Axure RP 的布局进行了简化。Axure RP 8.0 中增加了 3 种常用的矩形控件，如图 2.5.5 所示。

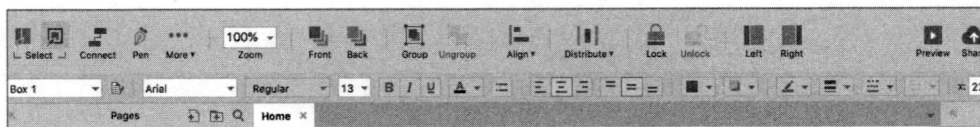

图 2.5.4

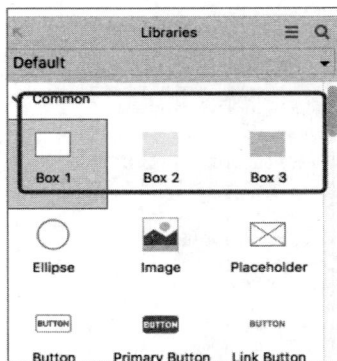

图 2.5.5

　　Axure RP 8.0 对一些常用的部件进行了优化，产品经理使用起来更方便。Axure RP 8.0 在控件上（尤其是矩形的控件）增加了不同的颜色，产品经理在相应的原型设计中不需要再进行二次调色（尤其对一些低保真的原型，3 个颜色足够使用）。

2.5.2　墨刀与 Axure RP

　　原型工具应用的场景有产品展示、产品需求规划、从抽象到具体的呈现，我们如何根据应用场景选择原型工具呢？

　　在手机端展示的时候，我们应该首选墨刀。墨刀对移动端的支持非常好，通过分享可以生成 URL，并且可以对该 URL 设置密码，如图 2.5.6 所示。

图 2.5.6

对于高保真原型来说，墨刀可以选择至少 15 个效果，包括左右滚动、上下滚动、退出等，但是如果把不同的效果打上链接，生成链接标记，在使用中就有局限性。

高保真原型涉及条件判断等情况比较多，所以首选 Axure RP。墨刀没有条件判断，只有页面的不同状态切换，而且有时候还会出现之前制定的动作莫名其妙地被取消。

Axure RP 是国内产品经理使用得最多的工具，而墨刀给使用者的感觉是规范，可以按照它的相应控件标准使用，但是减少了使用者的一些自由。墨刀自带的控件如图 2.5.7 所示。

Axure RP 的空间以自定义范围为标准进行设计，让用户能够在控件中完成自我创造等功能。墨刀与 Axure RP 的缺点分别如下。

1．墨刀

（1）背景图的适配问题（出现尺寸问题）。

（2）字体不能选择。

（3）颜色调色器不能通过点滴取色，只能手动输入颜色代码以及选择颜色区域。

图 2.5.7

（4）有时候莫名其妙地出现动作失效。

2．Axure RP

（1）当布局画面多的时候占用内存大，经常因动态面板的累积导致卡顿。

（2）在手机端预览原型时，由于 VPN 与兼容性的问题，导致手机卡顿。

（3）需要添加素材库。

Axure RP 系统自带的相关控件如图 2.5.8 所示。

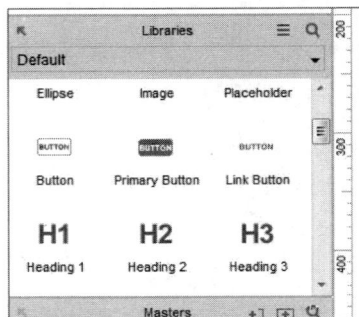

图 2.5.8

由此可以看出，如果要在 App 上进行移动端展示，墨刀是首选，但如果要满足复杂的交互需求和自定义的空间操作，Axure RP 是首选。

2.5.3　逻辑梳理的难点

逻辑梳理总是产品经理最困难的工作。不同的公司对逻辑有不同的叫法，有的叫业务流程、有的叫产品跳转轨迹、有的叫做事规划。

一个负责后台的产品经理，如果对逻辑没有清晰的认识，是没办法将产品落地的。

产品续费和升级的逻辑流程中会涉及支付流程。产品逻辑梳理的难点有以下 3 点。

1．跨组织

以后台产品逻辑为例，产品的逻辑可能是跨组织的。产品经理所在的部门不同，部门对产品经理的定位也不同，比如研发产品部门对产品经理的定位偏向于需求分析师。相对于互联网公司的运营部门，产品经理可能会与行政、财务、人事等部门联动。

一提到跨组织，逻辑梳理的第一个难点是每个部门的业务流程，即需要清楚各个部门的工作方式。至少要知道他们在用这个产品的时候，需要哪些操作。

产品经理是用通信工具沟通，还是询问部门领导当前部门的业务流程？如果你的企业很大，团队可能不在同一个地区办公，那么可能需要使用远程视频确定业务流程。

要把逻辑清晰地梳理出来，需要做到以下几点。

（1）需要解决产品的逻辑问题。

（2）需要了解每个部门会在产品上做什么。

（3）需要知道每个部门现在的流程和状态，以及未来调整的一些大方向。

2．与其他产品模块的衔接

产品逻辑梳理的第二个难点是在产品模块中可能仅有一个模块甚至单独的一个后台对接其他部门产品线的逻辑，要能够保证走通其他部门，数据要安全、可控地回到我们目前的产品。

互联网公司目前的分工可能是不同的产品经理负责不同的模块，比如对于一个 App 移动端，产品经理会根据自己的模块负责相应的后台与前端模块。

在梳理后台逻辑的时候，产品经理肯定会与其他产品经理衔接，所以对其他产品经理的产品逻辑梳理也需要清晰。

例如，某个产品经理做的是**续费与升级**的流程，可以很直观地联想到续费与升级是购买后的用户行为，会与负责购买模块的产品经理衔接，也会**产生电子支付、订单、签约**等相关金融产品属性的用户行为，又需要将其续费与升级的流程拉回来与支付成功的模块衔接。

将流程分段处理，可以保证整个产品模块统一、标注一致，甚至可以保证产品品牌基因也是一致的。流程分段如图 2.5.9 所示。

图 2.5.9

3．算法

其实上面两个难点是产品逻辑梳理中最常见、最普遍的两个难点，这里说有 3 个难点，是因为在目前的互联网公司中有很多公司是传统模式转型的互联网公司。它们之前的业务流程是线下（可能是电销、直销、渠道）的。以电商为例，将其传统的模式打通到线上，需要考虑之前的相关流程关键点订单或者业务员的一些处理是否标准化和是否需要标准化。比如，如果业务员总是个性化的送、反馈、打折，那么原因只有一个，业务逻辑不标准。

目前，很多公司为了传统模式转型，将所有线下业务员的不规范操作用公司条例严格的封杀，让业务员只能按系统设计好的相应折扣或者公司标准反馈。

这样做的目的是将之前的一些传统销售模式用一系列的算法替代。

在业务中，最常见的报备流程是系统自动报备，解决了人工干预。在销售业务中，可能最常见的是商机或线索的锁定，这是非审核的流程。

产品经理梳理得最多的算法是将公司之前的线下业务模式的价格或者线下出售的产品状态，以标准的算法采集，这样就可以放入后台设计中。简单的流程算法如图 2.5.10 所示。

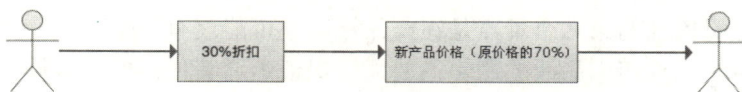

图 2.5.10

有的算法很简单，但有的公司销售的产品种类多、价格多，算法也会有很多种，需要产品经理一一梳理！

2.5.4 用户调查问卷工具

1．调查问卷的意义是什么

从一份好的调查问卷中，产品经理不仅能够知道当前的产品运营情况，而且通过调查问卷的数据分析，能够知道目前产品的一些缺点和优点。产品经理通过问卷能够得到产品的核心诉求。调查问卷的好处如图 2.5.11 所示。

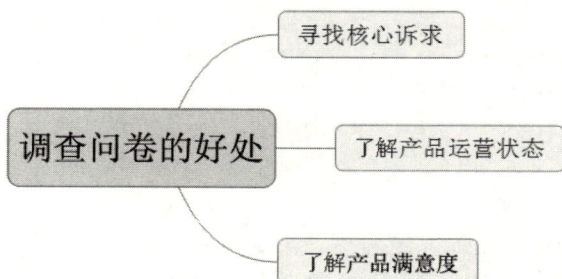

图 2.5.11

在开始做调查问卷之前，我们要明确目的，即本次调查问卷的需求。这里的目的涉及问卷达到的目的、问卷调查的目标用户。比如，调查问卷的目的是了解目前后台产品的使用情况，那么可以从以下几点考虑如图 2.5.12 所示。

图 2.5.12

在调查问卷的目的清楚后，我们需要对调查问卷进行设计。

2．调查问卷的设计

在调查问卷的设计中，我们要清楚调查问卷的构成是什么。调查问卷在形式上由 6 个部分组成：问卷标题、导语部分、基本信息、主体内容、结语和整体。

目前，国内的调查问卷工具种类很多，常用的有调查派、问道、问卷星、抢答、腾讯问卷。

最基本的调查问卷需要满足排版整齐、无错别字、无选项排序错误。

调查问卷一般分为以下 3 种。

1）开放型调查问卷

示例：您最喜欢的产品模块是什么？为什么？

2）半封闭型调查问卷

示例：您最喜欢的产品模块是什么？

A．广告模块

B．客户管理

C．搜索

D．订单管理

E．其他

3）封闭型调查问卷

示例：您使用过这个产品吗？

A．使用过

B．没有

在基本的调查问卷设计完成后，接下来便是怎么使用。使用问卷的方法分为以下 3 种。

组合法一：先调查，后访谈。

通过大面积的问卷调查，我们可以基本了解用户需求，从问卷中可以梳理出一些关键数据，再从被调查者中选取一些有代表性的用户深入访谈，从思想层面了解用户的想法。

组合法二：先访谈，后调查。

先对部分用户进行访谈，以便对需求有一定基本认识，根据用户反馈的信息再编写调查问卷会使问题更有代表性、针对性。通过大范围的用户问卷反馈，我们可以印证访谈结果的普遍性。

组合法三：先调查，再访谈，最后再调查。

这样可以保证调查更加垂直，我们可以知道调查的结果是否更有效。这种方法能够过滤掉一些不必要的垃圾调查问卷。

调查问卷是每个产品经理必须要做的，产品的周期、产品的形态、产品的平台不同，调查问卷也不同，产品经理需要高效地整理出适合自己产品体系的模板，以便自己更快地梳理出关键需求。

2.5.5　百度指数与微信指数

1.　百度指数

百度指数可以分为趋势研究、需求图谱、人群画像，如图 2.5.13 所示。

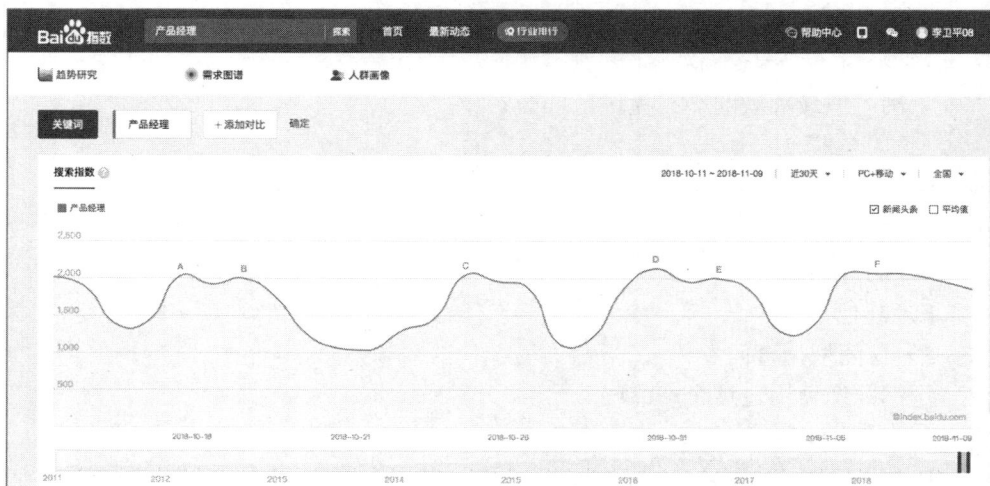

图 2.5.13

其中，从趋势研究中我们可以看到 7 天和 30 天整体（PC+移动端）的搜索指数与移动端的搜索指数、相应的环比增长，可以得知目前查询的关键词的变化趋势，便于预测或准备下次的热点。

从数据图中平均值可以查看事件周期的相对走势。从这个走势中可以看出这个热点的走势，这个走势去除了一些特殊异常情况（一些特别的节日或事项）。

图 2.5.14 是关键词的需求图谱，这里的需求图谱来自搜索的 "kevin" 一词。越接近 "kevin" 的小球，表示其中的关联度越大，不同的颜色代表趋势是上涨的或者下降的。

百度指数的数据是公开的，产品经理可以使用百度指数分析或查询数据，以便最终达到自己的商业目标，实现商业价值。从需求图谱中可以看出关键词的去向和来源的情况。

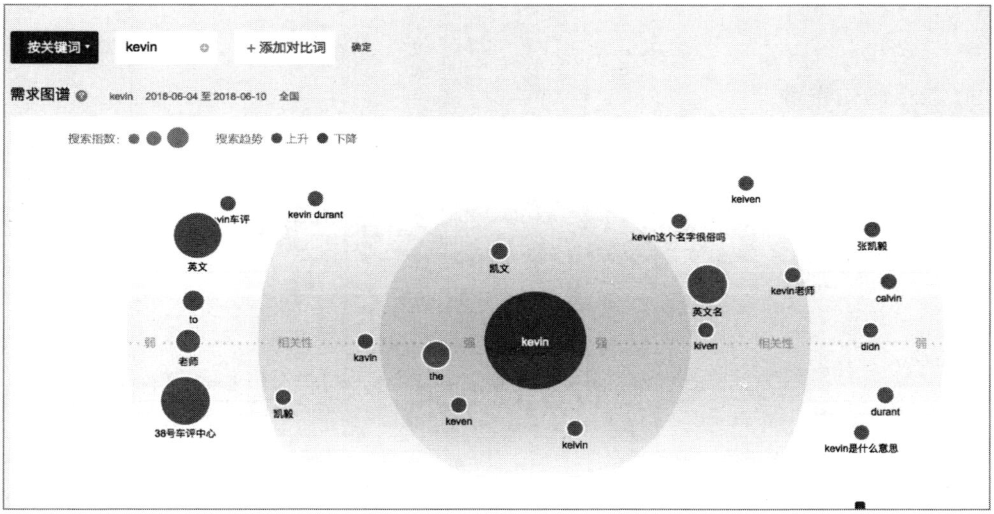

图 2.5.14

舆情洞察对新闻中出现的情况进行搜集，可以看到近 7 天和 5 年内的新闻情况，可以列出数量的平均值，去除异常情况，如图 2.5.15 所示。

人群画像按照省份、区域、城市排名。

人群属性按年龄和性别区分，以 7 天为单位，根据 7 天的数据划分相应的年龄分布和性别分布。

产品经理要更快地精准定位目标用户，根据相应人群的一些属性活动开展相应的营销策划。

图 2.5.15

2. 微信指数

微信指数如图 2.5.16 所示。

图 2.5.16

微信指数以 7 天、30 天、90 天为时间段采集数据。

微信指数的移动端数据来源于微信内部的移动端搜索数据。

微信指数的结果更利于寻找移动热点或者即时性热点。相对于传统 PC 端需要大量编辑或者策划的热点，微信指数能够更快地过滤出相应的移动端营销案例。

目前指数工具很多，只要自家有足够多的内容或者 UGC，再加上搜索都可以以指数的产品形式展现。目前还有新浪的微博指数等工具。

不管是微信指数，还是其他指数产品，我们要明确的是，这个指数的数据是每个人都可以拿到的。

互联网运营人员或者热点营销人员要利用数据的走势和趋势，研究如何在相应的时间点或人群中投放产品。

在未来内容产出会更加精确，在越来越多的指数平台普及后，人们对舆情的洞察也会越来越强，这无疑让用户能够直接得到想获得的内容或信息，减少冗余信息的存在。

2.6 Feed（信息流）算法与积分体系

2.6.1 Feed 算法

1. 用户关系与内容源

无论是 PC 端还是移动端，UGC 社区最重要的便是信息流展示，其信息流的展示方式和排序方式是我调研的重点。

提到 UGC 模块，产品经理进行落地设计时需要考虑用户的社交关系，这一点在不同产品中，有弱 UGC、强 UGC 的倾向。

产品经理在进行 UGC 模块设计之前，要弄清楚其产品的用户社交关系以及产品社交定位的强度。

大多数 UGC 模块都会将 UGC 内容按用户角度与平台角度分类，推出相应内容，当然在如今的智能个性化推荐中，平台既要能够保证展出需要曝光的内容，又要保障曝光的内容是用户需要的内容。平台内容如图 2.6.1 所示，用户内容如图 2.6.2 所示。

平台与用户如何达到平衡，这是产品经理设计 UGC 模块中 Feed 的关键。

这里提出内容源的概念，在 UGC 模块设计中，在当前社区或论坛的模块中，把系统、运营人员、用户三种角色产生的内容进行区分，Feed 的内容源如图 2.6.3 所示。

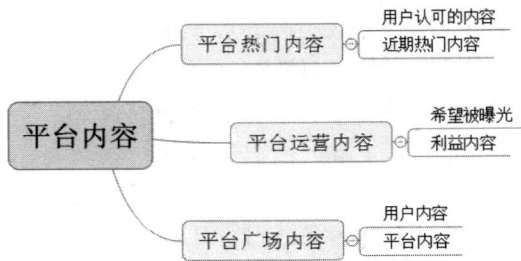

图 2.6.1

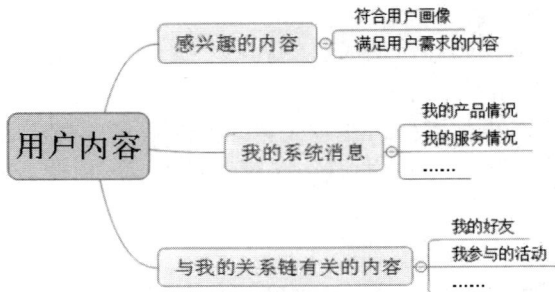

图 2.6.2

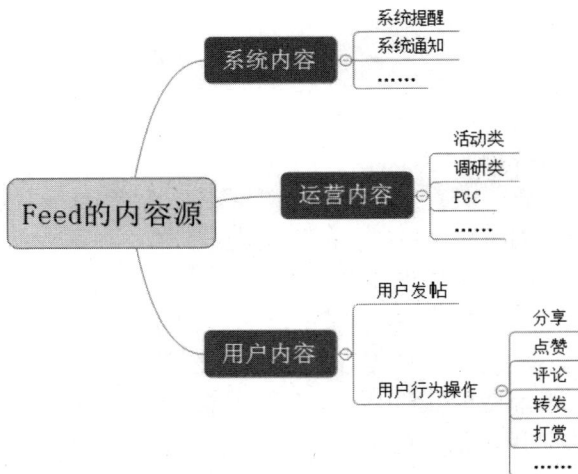

图 2.6.3

为此，区分 Feed 的内容源，有利于对不同的内容进行设计。例如，其核心字段是什么，运营的每个内容源核心字段是什么，用户内容的行为操作所产生的内容源字段是什么。

Feed 有效与否根据用户点击的效果验证，以 QQ 空间为例，它按不同的内容源进行设计。视频类内容设计如图 2.6.4 所示，签到类内容设计如图 2.6.5 所示，系统类内容设计如图 2.6.6 所示。

图 2.6.4

图 2.6.5

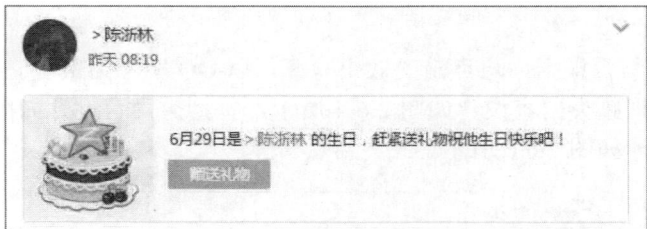

图 2.6.6

QQ 把内容按不同的内容源进行区分，把内容的有效性大大提高，提取了每个 Feed 的核心字段，方便了运营人员开展活动策划，增加了用户的玩法。

2. 广场与热门

上面介绍了 Feed 的内容源，下面便集中展示 Feed，以常见的广场与热门举例。

广场：所有消息的集合，系统、运营、用户消息集合（常见的）（不排除因产品定位不同将系统消息部分过滤）。

热门：根据算法将热门的内容按热门程度从高到低排序，或按用户活跃度排序等。

不同的 Feed 分类涉及的算法可以不同，也可以以同一个算法满足所有分类。以同一个算法满足所有分类最简单的是目前热门的智能推荐系统，不管是哪个版块、Feed 的分类怎么样，都可以推荐，让用户看到他需要的内容。

在一个 UGC 模块中，基于用户的生态与平台生态，Feed 的推送需要考虑权重占比。

平台的生态由产品中的模块关联与平台提供的产品关联决定，对于这一点产品经理需要考虑相关的产品是什么、相关的功能模块是什么，如图 2.6.7 所示。

以 UGC 模块为例，其典型的案例是群聊与社区的模块是关联的。

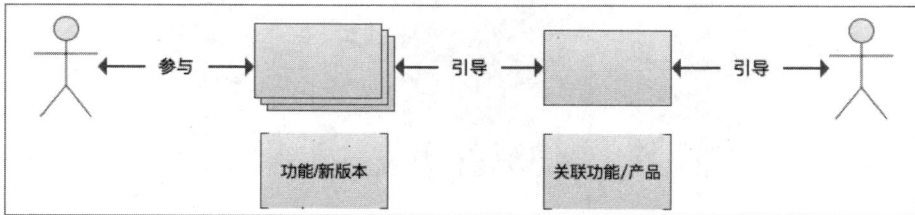

图 2.6.7

需要重点说明的是，产品经理往往没办法一个人全局打量，需要和几个产品经理或领导一起做一次头脑风暴,列举所有可能存在的关联点,这样才能保证 Feed 能够流到各个地方。

每一个路径都是 Feed 可能流动的地方,其能流动的地方都会有用户存在,要尽可能满足用户对 Feed 的所有需求,除了依靠算法之外,产品的关联与生态尤为重要。

如果有数据体系支撑,那么建议将模块、产品建立在数据漏斗、热力图上分析 Feed 的功能关联,用数据驱动,可以让产品经理少走一些弯路。

3．Feed 算法与设计

1）UGC 产品体系

（1）强社交体系。强社交体系的 UGC 社区,目前以微信朋友圈为最典型代表,微信的社交关系建立在用户与朋友之间的连接,微信的内容为 UGC 的代表,微信的 Feed 方法是以时间排序法将每时每刻朋友圈所生成的 Feed 都刷新出来。时间线成了的唯一标准。

（2）弱社交体系。弱社交体系的 UGC 社区,以微博为例。微博因内容涵盖好友与非好友,在用户的社交圈中就属于弱社交体系,并不强调用户与好友之间的关系,而强调用户与用户的关系。微博用了 Feed 存储区、Feed 未读池,微博的 UGC 经历了从重力排序法到智能推荐排序法的过渡。

2）重力排序法和智能推荐排序法

（1）重力排序法。

下面以案例的方法介绍重力排序法,如图 2.6.8 所示。

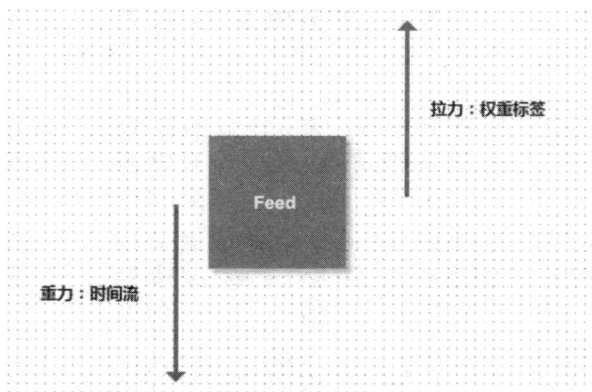

图 2.6.8

重力排序法依靠时间进行 Feed 拉取,根据时间从近到远,依次将 Feed 进行拉取展示，这便是重力。权重标签可以是 Feed 的权重标签，也可以针对内容、针对产生 Feed 的对象。比如，针对内容为点赞、阅读、转发等；针对对象为关注好友、好友活跃度、好友粉丝度排序。

重力排序法的意义：重力排序法是基于时间的算法，尽可能地将有效的内容展现给用户，让用户能够得到需求或平台高质量的内容。重力排序法依据时间流的顺序，不会让用户产生无厘头的感觉，用户得到的不全是系统消息、无效消息。重力排序法需要一个时间存储段。

（2）智能推荐排序法。

智能推荐排序法，是目前每个高用户量 UGC 社区都想用的一个算法，其解决的核心问题是在平台中将用户所需要的内容推荐给用户。

智能推荐排序法通常会有一个智能推荐引擎，该引擎是各种算法的结合，系统将基础的信息采集后分别放入相应的采集库，通过引擎将平台中的内容推荐给相应的用户，今日头条的智能推荐排序法一直处于领先地位。智能推荐排序法采集的信息如图 2.6.9 所示。

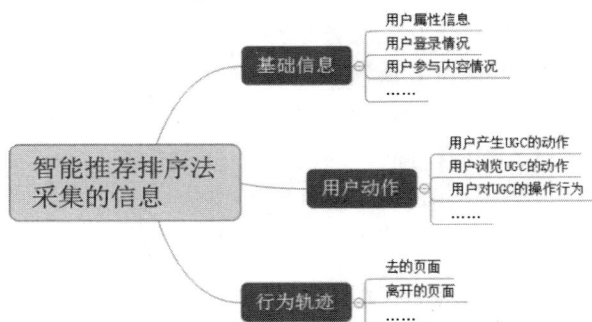

图 2.6.9

智能推荐排序法使用用户停留在 Feed 上的时间变长的可能性增大。智能推荐排序法在 Feed 中给用户的是非线性时间轴，用户会产生一种错觉，昨天的球赛已经结束了，但今天刷新出的 Feed 为"球赛开始了"。

3）在高并发量与高用户 UGC 社区中，Feed 的算法设计

在常规的产品线中，用户数量在百万个以内，根据产品属性的不同其日活跃用户数占比可能为 30%，也可能由于运营推广做的数据质量太差，活跃用户数为 1%，但存在高并发量 UGC，在一个时间轴下，会有大量 Feed 产生。去除无效的 Feed，将有效的 Feed 推荐给用户的业务流程如图 2.6.10 所示。

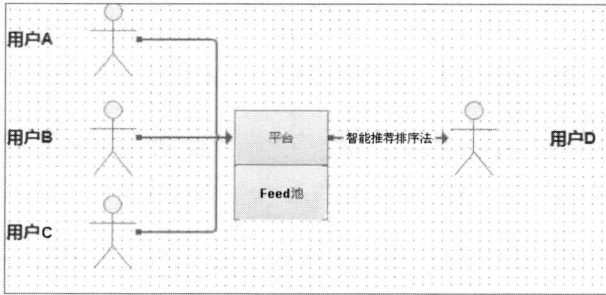

图 2.6.10

用户在拉取 Feed 的过程中，常用推（推送）、拉、推和拉集合 3 种算法。Facebook 使用的是推的算法，将 Feed 推给用户，用户直接接受 Feed。新浪微博使用的是拉的算法，用户下拉 Feed 将产品 Feed 存储区的 Feed 拉进来，而不是获得全部存储区的 Feed。

4）关键词

（1）Feed 存储区。

说到 Feed 存储区，就要引入未读池的概念。在高并发量以及大量 Feed 产生的情况下，如何保证用户能够获取到他想要的内容？

图 2.6.11 所示为 Feed 的存储方式，将 Feed 存储在数据库中，有 3 个时间区存储：最近的 Feed、过期的 Feed、比较长期的 Feed。

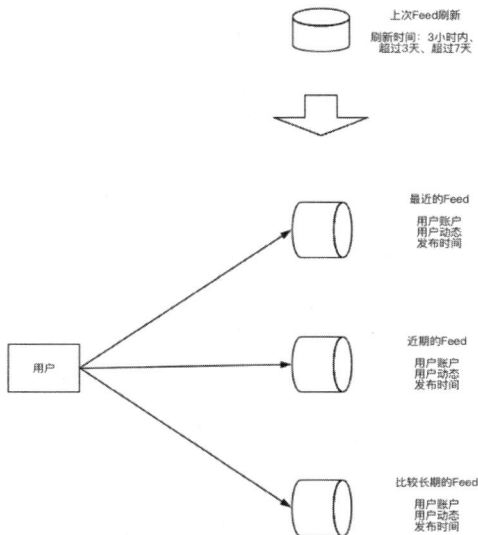

图 2.6.11

产品经理应该利用自己的数据分析能力，统计 UGC 社区中的 Feed 量，预算出可行的 Feed 数量，再决定时间划分段。

如果每天产生的内容在 100 条 Feed 左右，建议用 3 小时、1 天、7 天作为时间点，如果时间太短则没有生成新的 Feed，如果时间太长则没办法将 Feed 拿出。

需要注意的是，这适用于 Feed 并发量低或累计量不多的情况。

（2）未读池。

未读池可能是微博采用的一套机制。在 Feed 产生高并发量的情况下，用户下拉的 Feed 不可能把整个平台的 Feed 全部拉取（有成千上万条，看都看不完）。当然，产生这么多 Feed 的原因是微博的定位并不是做好友间的社交关系链，而是以用户之间、人与人之间的内容做媒体传播。

在微博的 UGC 模块中，Feed 的核心在于未读池的算法处理（我猜测用智能推荐排序法，早期可能用重力排序法）。

在未读池中，可能会出现永远都不被用户阅读到的 Feed，系统通过智能推荐排序法，将其认为的垃圾 Feed 或无效 Feed 永远不上传给用户，这套机制能够解决在高并发量的情况下给用户有效的 Feed，如图 2.6.12 所示。

但也会存在一个问题，Feed 的产生有时间属性，当用户拉取 Feed 的时候会发现有一些 Feed 不按照时间轴的顺序排序，本来是昨天发生的事情，但是今天却拉取出新的微博消息。这会让用户摸不着头脑。

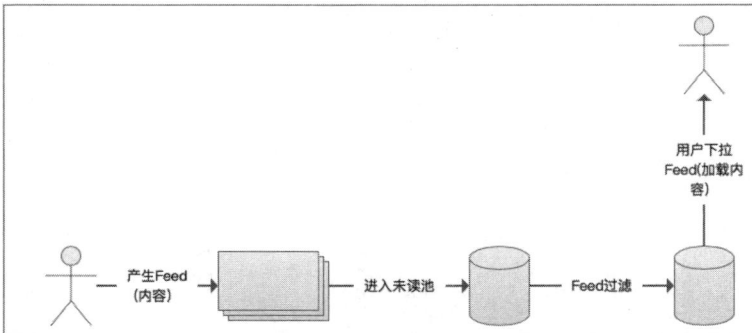

图 2.6.12

Feed 是 UGC 的必备属性，产品经理需要不断地学习和思考，根据自己的产品业务属性、产品定位制定相应的算法，但市面上大部分的产品对 Feed 的把控依旧不够，原因有很多，其中最重要的是 Feed 的高并发量、用户数太少，像微博、微信这样大体量的产品并不多。

2.6.2　会员体系和积分体系

产品会员体系建立是一个难点，产品经理需要花费大量时间思考逻辑、运营策略、产品规划等。会员体系建立的难点在于产品经理很难真正接受从 0 到 1 做相应的案例。

难点一：会员体系的产品落地。当产品处于从 0 到 1、用户数并不多的时候，我们建立会员体系的目的是促活、拉新，但是当种子用户基数不高的时候，显然所建立的会员体系是不完善的，根本无法启用。

会员体系的落地，需要产品拥有高用户基数。

难点二，会员的成长体系需要基于数据分析，与运营共同搭建，既涉及产品的整体框架，又涉及产品的整体运营目标。如果没有一个完整的互联网体系架构团队，就无从下手。

1．我的会员体系框架

图 2.6.13 所示为基于项目的会员体系框架。该框架距离落地还有一段距离，具体如何设计会员体系需要和运营协商讨论、需要利用数据分析，这里我只分享我的落地方向。落地的方向都是相通的，要具体落地到每一个步骤。比如，××用户登录可以领取多少经验值，这要在后续大量的沟通、评审后确定，不在这里讨论。整个会员体系涉及入口、出口、风险、成长形式、成长数值计算 5 大落地方向。值得注意的是，出口需要考虑积分体系，积分体系是和会员体系息息相关的内容。

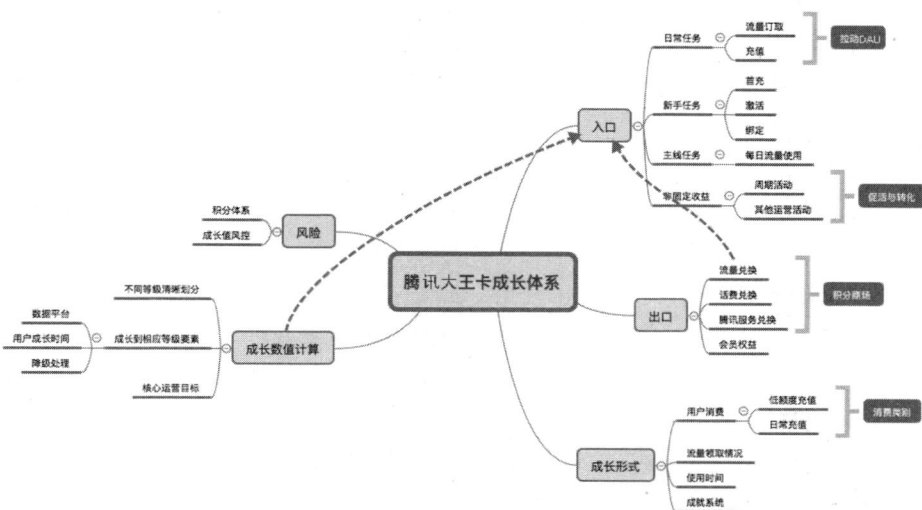

图 2.6.13

2．会员体系与积分体系的选择

会员体系与积分体系的建立难点在于如何考虑两个体系混搭。以 QQ 会员体系为例，QQ 会员体系突出了会员体系与积分体系的不同。

QQ 会员体系是简单的会员体系，没有任何积分体系参与其中，图 2.6.13 中的"出口"代表会员体系的出口。但值得注意的是，这里利用不同的会员等级执行不同的特权，会员使用了特权并不会消耗会员体系所需的经验值或降低会员等级，这便是会员体系。

与会员体系不同，积分体系是建立可消耗的积分商场或其他可以兑换的产品，保证积分能够等同于虚拟货币流通于整个产品体系。

会员体系与积分体系是相辅相成的关系。在产品设计中，是将两个体系独立还是混在一起需要根据实际业务或你的产品目前的资源确定，尽可能建立适合自己用户、产品的相关体系。

你可以考虑先建立会员体系，就像 QQ 会员一样，以不同的特权形式代表不同的等级，以后再考虑建立积分体系。

你也可以一步到位，同时建立会员体系与积分体系，随着产品业务线、运营需求增加，不断扩充与完善当前的两个体系。

3．会员体系的等级区分

产品的核心是让用户付费。当然，目前几乎所有的产品，除了积分体系（充值变成游戏货币或虚拟货币）之外，都通过付费转化，最终促成整个产品赢利。我采用的是利用数据平台查看当前产品用户的消费情况比例，用户在当前的业务中，以充值与话费消费为核心。我们可以通过数据平台导出数据建模，观察相应的用户占比。

如图 2.6.14 所示，消费 0～100 元/月的人为白银会员，占 50%；消费 100～200 元/月的人为黄金会员，占 30%；消费 200～300 元/月的人为铂金会员，占 15%；消费 300～400 元/月的人为钻石会员，占 5%。

可以明显看出，0～100、100～200、200～300 元/月为用户主要分布区间。由此我们将建立 3 个等级，预留 1～2 个等级作为最高等级。

需要强调的是，我们不能随意决定用户等级数。对于如何找到用户的等级，这里以滴滴的案例来说明。

根据用户每个月或每年度消费的情况（时间区间根据自己的业务决定，如打车软件更偏向于用月统计消费），滴滴的会员等级分为普通会员、白金会员、黄金会员、铂金会员，前 3 个等级由用户的消费情况划分，即 0～100、100～200、200～

300 元/月。

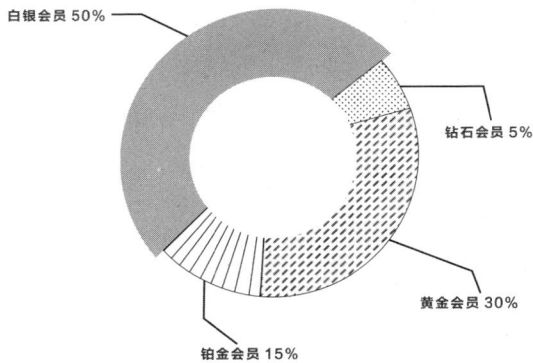

图 2.6.14

铂金会员是为了让用户成为核心种子用户或促活而设置的预留等级。其目的是让在金字塔最顶部的用户尽量增加消费，最终达到我们预留的等级要求。用户的金字塔体系如图 2.6.15 所示。

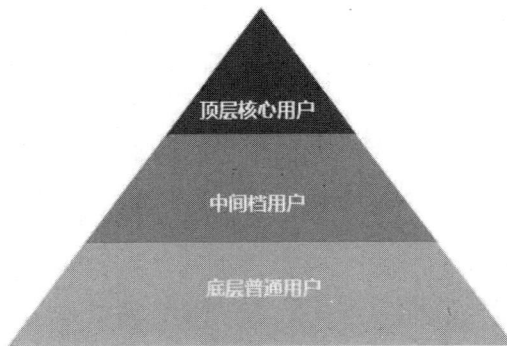

图 2.6.15

预留会员等级是为了拉动顶层用户消费，这里需要注意的是，滴滴以 GMV（流水）为核心指标，等级不需要太多，只需要能够带动 GMV 即可，而以 DAU为指标则需要建立更多的等级。

4．会员体系等级的增长

在我们知道了怎么划分等级、划分多少等级以后，接下来的难点是确定从NO.1 等级到达 NO.2 等级的时间或需要多少消费、多少经验值才能达到 NO.2。

不管是经验值还是消费情况，其实核心还是消费情况，在会员体系中用户可以用经验值换算等级，但是经验值的核心来源还是用户在产品上的消费情况，这与积分体系相同。

在积分体系中用户可以通过消费行为增加积分，但也可以做一些日常的任务或主线任务增加积分。在会员体系中用户也可以通过完成任务或消费增加经验值，达到 No.2 等级。

如果我们要确定用户需要多少经验值或多少消费达到 NO.2 等级，那么要先确定单位，即时间。以腾讯大王卡为例，用户平均使用腾讯大王卡的时间为 1 年（即用户用腾讯大王卡 1 年左右，就会换卡）。作为会员体系的建立者，我们希望增加用户的使用时间，这样才可以增加用户的消费，所以我们建立的满级达到时间必须要高于目前的用户使用时间。

在这里，我做了一个简单的经验增加表，见表 2.6.1。

表 2.6.1

用户等级	总经验		增长经验总和		每日经验增长值	需要天数（最短时间）
king	通过首次充值，激活开通		通过首次充值，激活开通		—	—
king No.1	绑定		绑定		50	—
king No.2	1050		1000		50	20
king No.3	2550		1500		100	35
king No.4	5190		2540		80	68
king No.5	7750		2560		70	100
king No.6	12650		4900		70	170
king No.7	20350		7700		70	280
king No.8	30150		9800		70	420
king No.9	39250		9100		70	550
king No.10	48350		9100		70	680

这里必须要倒推！所谓倒推，便是前面提到的，我们希望建立的会员体系能够让用户停留多少时间，在没有会员体系的时候，用户使用腾讯大王卡的时间是 1 年。

现在，我们假设指定的时间为 2 年（具体的时间可能需要与运营确定）。我们还要考虑以下几个问题：

① 把 2 年的时间换算成 365 天×2，每一天的成长值最多是多少？

② 有哪些入口可以作为成长值的入口？

③ 非固定收益的成长值有多少浮动？

通过倒推，结合经验值的入口（新手任务、日常任务、主线任务、非固定收益），我们可以确定每天最高经验值收益，就可以大体确定了从 NO.1 到 NO.2 的经验值是多少。

当然，以上只是方法论和思考的方向。如果要落地，那么还需要与运营沟通入口中涉及的每个线路的权重、占比、非固定收益的权重等。

另外一种会员体系等级的增长方式为不同等级消费不同。

这种方式适合于没有太多积分体系夹杂在会员体系中，出口主要围绕会员体系的特权。前面说过金字塔会员体系区分，即用户底层达到用户中层需要的是消费额度！

我们根据每月或每年统计出的用户消费情况，可以知道占比最多的在底层，他们大概的消费额度是多少（如 100 元之内）。对中层用户来说，他们的消费额度基本为 100～150 元。我们只需要将底层用户的消费额度提高 50 元，他就成了我们的中层用户，会员体系也可以通过这种方式很快地区分用户等级与等级之间的增长数额。

滴滴的积分体系以这种简单的方式，刺激用户成为下一个等级的用户。滴滴会员等级的消费区分如图 2.6.16 所示。

图 2.6.16

5．积分商场（积分体系）

积分体系要有货币概念，有些人认为积分体系与货币的价值应该在 100：1 左右，至于这个比例是否恰当，可以从以下几点考虑。

（1）当前的成本。

（2）积分的流通数额。

（3）积分消费（出口）所带来的礼品对 ROI（投资回报率）的影响。

除与运营侧商讨这套体系的规则之外，产品经理需要考虑积分商场中的商品对 ROI 的影响。比如，腾讯视频以积分换取电影票、优惠券，这对 ROI 的影响怎么样。积分的流通数额也是积分的入口大小。

积分商城是否需要与会员体系关联也需要产品经理与运营侧和资源对接侧协商。

会员体系的核心是让用户得知高等级可以满足他们更好的需求，能够让用户留在该等级中。

所以，检验和衡量会员体系的标准非常简单，主要看当前不同等级用户的占比和流动趋势即可。

6．降级

降级是促活的核心点。当用户达到相应等级时，比如从 NO.1 达到 NO.2，如果他非常喜欢 NO.2 的特权，一旦被降级其相应的特权会受到影响，那么用户便会激活或充值，保证自己能够停留在 NO.2。好的降级机制，可以保证会员体系的健康增长。因此，降级的难点在于用户应该在什么时候被降级。

举一个反例，某打车平台的会员体系，其降级的机制是根据每个月的消费情况确定当前的会员等级。一旦用户下个月无法满足该等级的消费，就会直接被降级。

这个降级的机制给用户一个强烈的压迫感，使用户能够明显地感觉到平台随时随地都想让他多消费。

下面我们看看腾讯系的会员体系降级。降级是根据幂函数进行经验值降级，用户在没有消费后，其会员的特权消失，其经验值也会跌落。

用户的经验值，其实是用户在其产品上的消费累积。如果你的会员体系采取的是经验值的方式，通过经验值的减少，可以刺激用户再次成为会员。

淘宝、京东目前所使用的降级机制是按年考核消费。

用户在京东、淘宝上的主要行为是购物、消费。当其消费的额度在次年不能达到当前会员等级消费额度时，其次年将会被降级。

按年考核消费，的的确确会比按月考核消费好些，毕竟用户积累了一年的消费，这样符合用户的消费规律，用户保持该等级的难度不大。其提升等级，也只需要在 1 年中超过去年的花费即可。用户降级机制需要围绕用户的主要行为和业务设置。因为牵涉其特权，所以需要与运营侧密切沟通，才可落地。

7．会员体系的风险控制

下面要说的这个难点，也是会员体系与积分体系需要共同解决的难点，即如何保证会员的健康，如何保证积分商场的健康。

在 QQ 以前的成长体系中，会员的成长规则按 2h 计算，即 2h 作为经验值成长的最小单位，这就出现了外挂。很多人为了获得更高的 QQ 等级，去挂机或者去找外挂登录 QQ。

后来 QQ 修改了成长体系的规则，将其改为按天计算。不管你一天登录多久，只要超过 2h 就算 1 天，这样扼制了恶意成长。积分商场的风控也是相同的，产品经理需要考虑用户是否会存在刷积分、刷增长的可能。

积分体系，是一个庞大的产品设计。产品经理不仅需要对积分体系的功能理解，还需要对产品的规划、数据运营、产品运营了解。产品经理需要了解以下 5 点：① 用户等级如何建立；② 会员体系与积分体系如何考虑；③ 风控如何把握；④ 用户的经验值怎么考虑；⑤什么是会员体系。

2.7　产品经理的一些常规知识

2.7.1　产品数据特殊可视化视图——桑基图与折线图

一款产品的数据报表有来自第三方工具的，也有来自自己企业开发的。很多产品经理用友盟或者自己的平台（如 BAT 等），下面介绍数据报表中比较特殊的报表形式，除了常用的柱形图、扇形图等之外，还有桑基图（如图 2.7.1 所示）和折线图（如图 2.7.2 所示）。

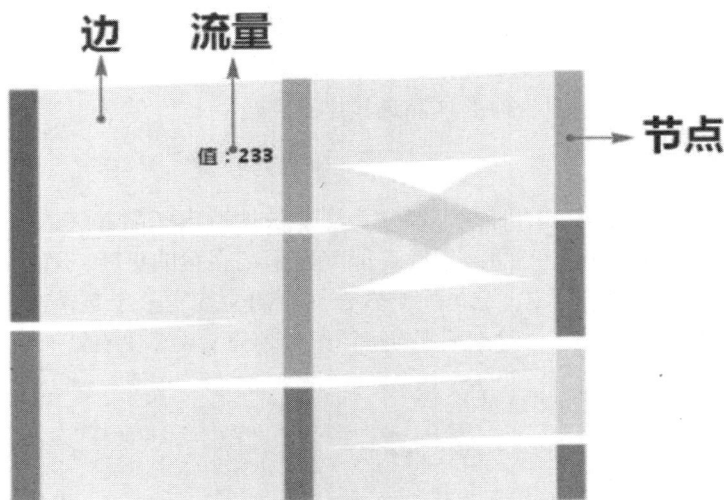

图 2.7.1

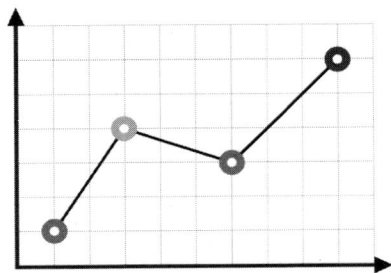

图 2.7.2

桑基图主要表现用户到达每个监听页面的情况，以流线的方式表明用户在页面之间的流动路径，我们可以看到用户进入页面后主要的流动情况。我们使用桑基图能够更快地知道不同用户或不同阶段的用户选择离开产品的原因。

折线图中折线的数量问题也是产品经理做数据分析的一个难点，折线图可以直观表现想要展现的趋势和波动，我建议每组数据最多不超过 5 个点。

2.7.2　产品交互与文案打动你

移动端产品经理除了要考虑用户体验之外还要考虑交互状态、初始值、边界值、文案，巧妙的交互设计与文案可以更轻松地打动用户，给用户带来不同的体验。我们在落地产品时，首先需要清楚业务逻辑，然后还要清楚产品逻辑，经过评审后要输出 PRD 等，输出的 PRD 就包含产品交互和文案。下面以 5 个例子说明交互和文案的重要性。在工作中，由于产品或场景不同，还会有许多案例，你可以把下面 5 个案例应用到你的产品场景中。

1. 文案

我们在提供原型文案的时候，经常为了更快地输出产品并进入评审，会先搭好框架，然后才开始设计产品，后续可能就会忘记文案的更新或者统一。

例如，如图 2.7.3 所示，登录与注册聚合页面的文案有一个是单个页面（首页），而另一个在页面流程中（中途跳转的页面），有 2 套文案。没有统一，这可视为一个错误。

图 2.7.3

2. 系统的默认初始值交互组件

移动端产品需要用到来自 iOS 系统或安卓系统的组件，如时间、日历、选择器等。我们有时候为了统一产品的风格，也会将其组件单独设计，图 2.7.4 所示为各种各样设计好的组件。

图 2.7.4

这里的易错点有两个：

（1）没有标注具体使用哪一类组件。

（2）缺少组件的初始值。

图 2.7.5 所示的组件涉及时间选择，负责开发的工程师一定会找产品经理索要默认的时间与日期，所以要提前确定好上面两点。

图 2.7.5

另外，对于默认值的设置，我建议产品经理首先考虑场景，比如在年龄选择器上，如果用户群体都是年轻群体，那么可以设置为与他们的年龄相似。

3．页面路径的交互细节

产品经理在完成每个原型页面后，需要将页面串联起来集合为业务流程，可以用页面路径表示。

如图 2.7.6 所示，我们将每一个 Click（点击）事件页面后的跳转链接汇集成了一个页面路径图，以便让开发工程师、评审人员知道每一步的上下游路径。要根据点击事件（或用户路径）制作页面路径图，新产品经理经常会忘记这一点。

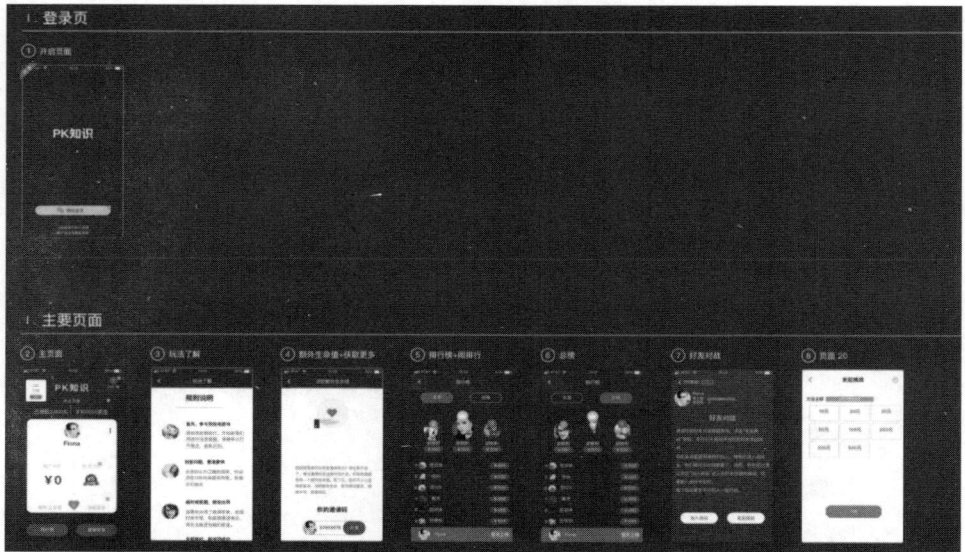

图 2.7.6

4．输入框的条件与状态交互描述

输入框是移动端产品与用户交互使用得最多的组件之一，有的输入框的边界值、状态也有交互效果。

以身份证填写场景为例，如图 2.7.7 所示，我们看一看会有哪些常见的交互问题，下面我列举了 5 个问题：

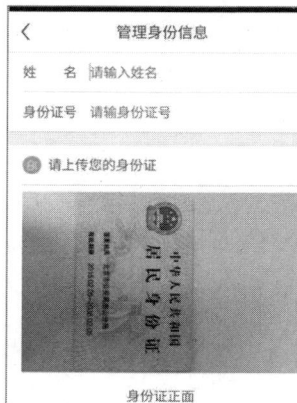

图 2.7.7

（1）身份证为空怎么办？

（2）姓名为空怎么办？

（3）身份证数据填写支持国内外身份证格式吗？

（4）姓名与身份证是否需要链接到公安系统校验？

（5）支持的最大输入长度是多少？

在 PRD 中产品经理要给出以上 5 个问题的解决方案，用一句产品经理职场的话来说就是，"从异常整理中可看出一个产品经理的功力深浅"。

5．异常或错误状态类型的文案技巧

用户在登录或者绑定账号的过程中，都会出现出错的情况。产品经理需要对每一个输入框或涉及出错的页面和控件给出错误提示，并给错误提示添加文案。

例如，我们在把手机与手环绑定的过程中，可能至少出现以下 4 个错误：

（1）找不到手机。

（2）手机或手环的蓝牙未打开。

（3）没有网络。

（4）绑定失败。

2.7.3　产品设计常规消息列表

下面介绍一些产品经理工作中需要的常规知识，以通信产品为例。

在通信产品中，最重要的是消息列表，消息列表的设计原则如下：①即时性（快速获取，阅读以及处理）。②避免产生骚扰（避免消息过于频繁给用户带来骚扰）。③私密性（防止信息泄露）。

以最具代表的产品微信为例。在微信的红包功能中，在消息列表中是不允许看到转账或红包数额的，这是私密性。另外，消息列表的红点提示，能让用户马上知道相关的消息变化，这就是即时性。最后，微信消息列表可以被屏蔽或静音，防止对用户骚扰。

通信产品还应该考虑以下几点。

（1）有独立消息主 Tab（使用软件的核心流程）。

（2）消息的获取，以即时性为最高要求，越快越好。

（3）消息组织类型为以通信对象为单位，内部包含行为信息（如@、红包、语音、小视频）。

（4）系统通知消息优先级低于用户消息。

（5）对用户敏感信息进行保护处理。

2.7.4 产品工具中的卡顿问题

产品经理最常用的是 Axure RP 等原型工具。在 Axure RP 中，如何避免在大量或复杂的原型完成后出现卡顿呢？以下办法可以有效地解决卡顿问题。

（1）在 Axure RP 单个页面内不要有太多的 Group（群组），尤其是嵌套的 Group。比如，设计师在 Axure RP 7 中打开和操作一个页面都非常慢，打开文件要花 5min，操作就假死 3min，经过排查后发现原因是一个模块中使用的 Group 太多了，而且是嵌套 Group 过多，在 Ungroup（取消群组）后操作慢的问题得以解决。

（2）在 Axure RP 中高清大图不要太多，大图太占内存，尤其单个页面不要太多，如果真的需要放很多高清大图，那么建议分散在不同页面中，或对图片预先压缩，让图片变小。大图太多会导致最后原型生成时内存报错。

（3）在 Axure RP 中使用 Repeat（中继器）要注意复杂度，虽然它的功能为提升效率，但是单个页面内太多且复杂地使用中继器功能，也会让页面打开变得很慢，容易出错。

第3章 产品经理在行业中各显神通

3.1 互联网金融产品现状

2015 年 7 月，中国人民银行等部门发布《关于促进互联网金融健康发展的指导意见》（简称《指导意见》），确立了互联网支付、网络借贷、股权众筹融资、互联网基金销售、互联网保险、互联网信托和互联网消费金融等互联网金融主要的监管职责分工。

从传统理财到现在的新兴理财，证券、保险、基金、银行都在向互联网转型。在转型中，市场的分化越来越明显，金融产品的市场分化图如图 3.1.1 所示。

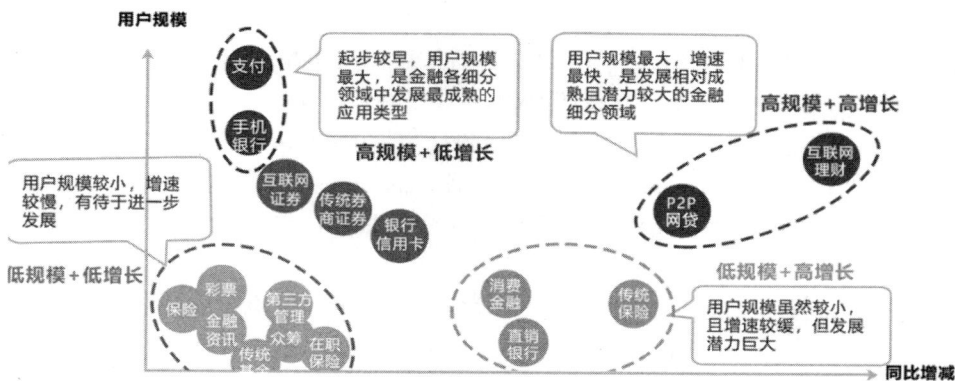

图 3.1.1

如图 3.1.1 所示，互联网理财与 P2P 网贷属于高规模、高增长；传统保险、消费金融、直销银行为低规模、高增长；支付、手机银行为高规模、低增长；低规模、低增长的是之前的传统基金、保险、彩票等。

现在互联网金融的用户规模如图 3.1.2 所示。

用户规模占比大，这也是为什么金融产品目前总是火在合适的场景中，选择一个场景作为金融产品的入口是重中之重。金融产品有一个非常大的特点是用户希望这个产品没有风险，并且利润高。但实际上高利润往往都是高风险的，如何通过一个合适的场景，让金融产品的入口粘住用户，这是需要落地的。

图 3.1.2

从古至今，金融的属性早已形成。在选择场景上，有其本质和客观规律，金融是对现有资源重新整合之后，实现价值和利润的等效流通。

《中国互联网金融年报 2017》指出，互联网金融风险整体水平在下降，风险案件得到初步遏制。但是，未来净化互联网金融市场的路仍然很长，所以接下来国家的监管力度必然是会持续加大的，获客成本更高。另外，随着从业机构优胜劣汰的加剧，行业的发展环境逐步净化，各大巨头之争越来越激烈。2017 年，互联网金融的发展状态为保险发展增速放缓、理财模块趋于稳定、证券整体开户数大幅回落、股权融资景气度下降、消费金融和支付两块业务发展良好。

各机构纷纷使尽浑身解数，输出各式各样的打法以便抢占更多的市场。2015 年，首届互联网金融理财节召开，参与的平台数最多，也是当时国内规模最大、回馈力度最强的线上理财盛会。

互联网金融产品包含支付、贷款、理财、信用卡、保险等很多方面。

我们再来看一下理财用户画像（如图 3.1.3 所示）。《2017 中国互联网理财人年度分析报告》指出，理财用户主要分布在 26～35 岁，占比高达 56%；男性多于女性，与贷款用户一样，高学历人群占比最高；他们是有一定理财意识的"80 后"，一线城市网民占比虽然不高，但是渗透率最高；三线城市以下网民数高，但是渗透率还不够，仍存在较大市场空间。

在监管趋严的情况下，互联网理财企业增速放缓，行业由野蛮增长转变为理性发展，市场逐步放缓；但用户对短期产品偏好下降，整体投资期限延长，说明理财用户的成熟度逐步上升。

运营的关键就是做好场景差异化、理财社群化、交互趣味化。例如，我们可以设置一些能够触动高学历人群的场景玩法吸引这些用户，如在朋友圈刷屏的招行海外信用卡案例。

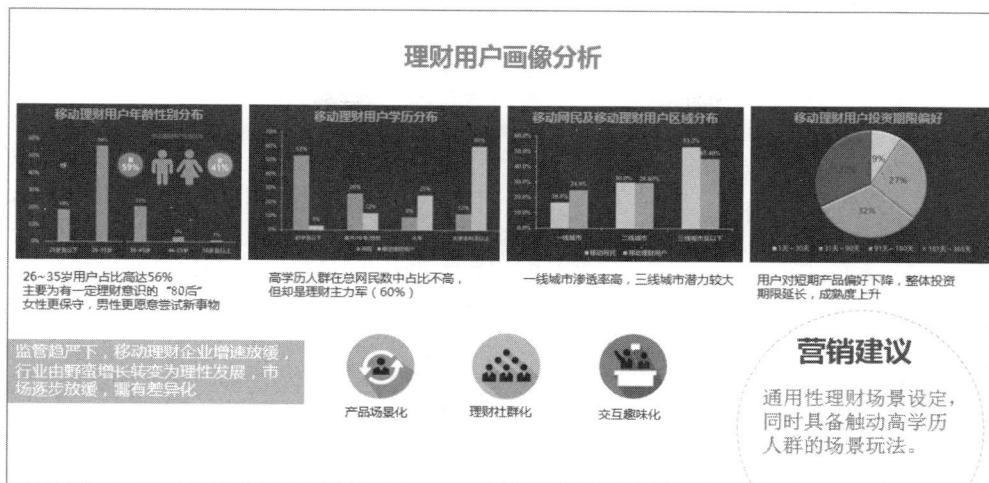

图 3.1.3

根据用户不同的花费深度理财产品可以分为以下几个形态。

（1）普通定投产品：针对平台的日常主流用户，不采用高息政策吸引用户。

（2）高额定投产品：设置较高的起投金额，相比同期产品获得更高收益率，用以鼓励用户增加投资金额。

（3）VIP 专属产品：针对高付费用户提供 VIP 产品定制，同时高付费用户享有比普通用户更高的理财特权。

利率的设置原则为 VIP 专属产品>高额定投产品>普通定投产品，如图 3.1.4 所示。

图 3.1.4

3.2 互联网医疗产品行业现状

近几年，互联网医疗产品层出不穷，医疗 O2O 业务不断出现在人们的视野中。互联网医疗是现在最热门的互联网方向之一。

1. 什么是互联网医疗

互联网医疗业还处于发展阶段，正在由资讯入口向线上问诊、医药电商、预约挂号等 O2O 模式转变，并且借助移动端更大范围地线上线下资源互动，逐渐形成医疗服务闭环的商业模式。

用户需求是所有互联网产品的基础，只有切中用户的需求痛点，产品才有发展。根据 TalkingData 大数据分析显示，用户对互联网医疗产品的使用习惯还在培养中，因此具有较大提升空间，随着服务与各个产业配置的完善，用户的使用频率会进一步提高，如图 3.2.1 所示。

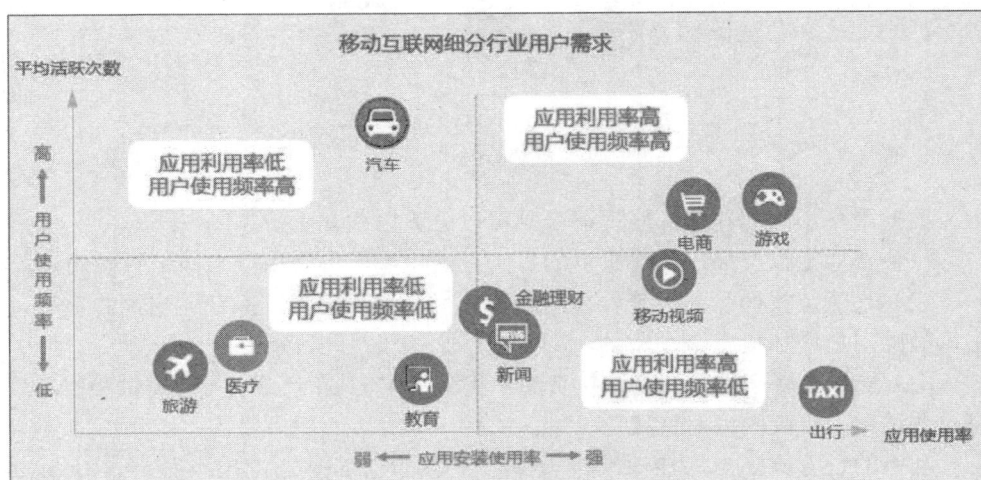

图 3.2.1

与此同时，互联网医疗产品的市场占有率较低，用户基础较薄弱，目前尚没有获得大部分用户的信任，随着未来行业的规范和政府的支持，具有较大的提升空间。

根据国家卫生健康委员会资料显示（截至 2015 年 4 月），国内移动互联网医疗用户只有 0.9 亿人，全国接诊总数约为 70 亿次，显然未来市场潜力巨大，如图 3.2.2 所示。

互联网医疗的目标用户：发生非急性健康问题的人、发生非急性健康问题人员的亲属。由此可见，几乎全民都属于互联网医疗的受众人群，只是受年龄层次、地域因素的影响依赖度不同。

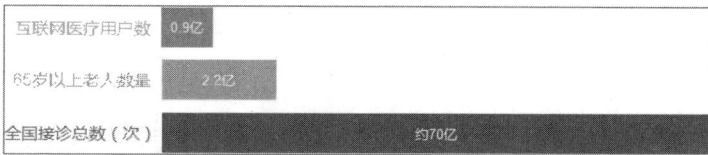

图 3.2.2

同时，近年来资本市场对互联网医疗行业青睐有加，资本量不断扩大，BAT巨头也纷纷加入抢夺医疗市场的行列，如图 3.2.3 所示。

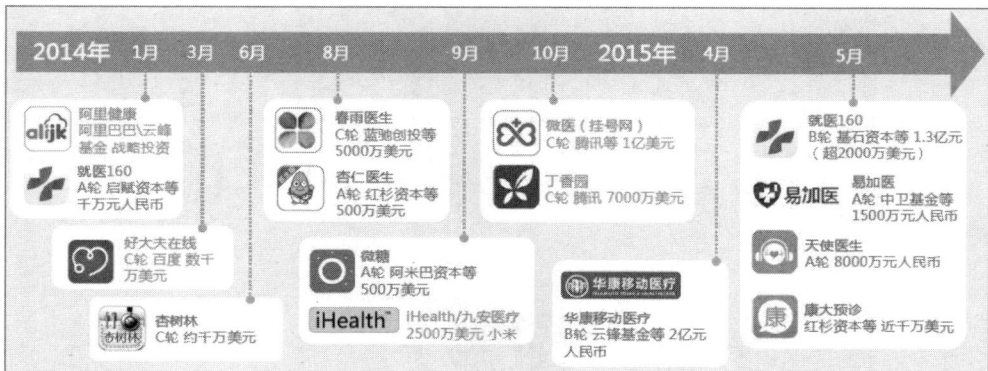

图 3.2.3

当前，互联网医疗行业产品繁多，可分为 3 类：医疗相关服务类、知识搜索类、药品电商，如图 3.2.4 所示。对于不同类别的互联网医疗产品，从事的企业也有很大区别。比如，叮当快药作为较早从事药品电商的企业，身后为实力强劲的传统医药企业——仁和集团。

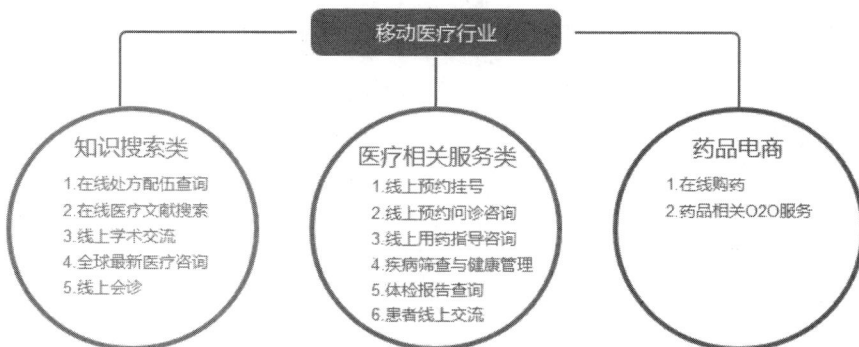

图 3.2.4

2．互联网医疗产品分析

按照刚才的分类，我们总结一下现在市面上的主流产品。目前，市场上互联网医疗产品繁多，主要爆发期集中在 2013—2015 年，其特点如下。

（1）从单一模式向多模式、多渠道转变，形成医疗综合性应用。

（2）产品结构逐渐变为以主打产品为中心、专项产品为辅。

（3）与现有医疗体系冲突逐渐加剧，与医疗体系改革相形见长。

医疗相关服务类、知识搜索类和药品电商产品如图 3.2.5 所示。

图 3.2.5

3．什么是互联网医疗的核心

敢于创新，而且能够坚持走下去，这对于互联网医疗未来的发展至关重要。我们现在本来就是在预测未来发生的事情，有些甚至颠覆了传统观点和想法。多年以来，人们固有的思想就是有病去医院，只有去了医院才有医生。人们生病了首先想到的是医院，而不是医生。在未来的规划中要先将这个思维定式打破。

患者到医院看病，其实找的是医生，医生才是核心，医院只是医生实施工作的平台。医院的存在优势是什么呢？医院中有设备、有场地、有条件，能实施各种检查和手术，但最终使用的人群是医生，所以医生才是核心。

互联网医疗的发展有一个逐渐清晰的路线。产品形态可以从轻问诊、空中医院、私人医生等逐渐生成，随着时间的推移，这样的布局一次一次多角度、清晰地透露了互联网医疗的商业框架，如图 3.2.6 所示。

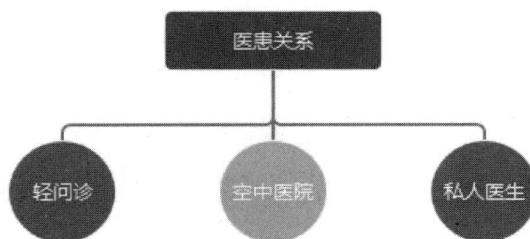

图 3.2.6

1）轻问诊

人没有大病，只是不适而已，这个需求就让问诊变得很"轻"。春雨医生 CEO 张锐最爱用的一个例子：在身体不适的人群中 4.8% 的人会去医院，也就是说 95.2% 的人会选择自己扛过去，这就是一个很大的市场。春雨医生就是看中这个市场，专门针对这 95.2% 的人群设计了问诊服务。这个概念使春雨医生的用户数快速增长，在 2017 年有 6 万名医生和约 4800 万名用户。

2）空中医院

这个模式新颖且具有创新性，使病人有能力选择自己青睐的医生，同时也在医疗服务行业引入了竞争机制。

3）私人医生

私人医生是目前极为需要的一个方向与策略。目前，中国慢性病患者基数非常大。其中，糖尿病患者约为 1.14 亿个，乙肝病毒携带者约为 1 亿个，大量的慢性病患者人群为私人医生的发展提供了条件。医疗的目的在于治病，医疗质量的根本核心在于医生，而对于一个成熟的商业模式，私人医生提供了一个稳固的医患关系，这才是私人医生的核心价值。

慢性病本身是要长期关注的。对于 2 型糖尿病患者，无论是 DPP-4 靶点还是 SGLT-2 靶点，无论从任何角度治疗，都是治标不治本的，只能缓解一时。所以，建立私人医生体制，相当于与病人建立了稳固而长久的医患关系，从而增加了用户的刚性（这里已经不能用黏性形容了）。互联网医疗慢性病管理是一个大方向，但是一定是医生与患者之间的联系，慢性病管理才会是有效的。

展望未来，互联网医疗的战略布局可以做以下 3 点调整，如图 3.2.7 所示。

（1）发展成为面向个人（to C）、面向商业（to B）、面向政府（to G）协同发展的新模式。

其实这个问题涉及赢利模式，即各个不同的用户群到底用什么买单的问题。对象不同，他们的关注点自然不同。对于个人用户，用户更关心疗效、诊断准确率。疗效好了，病人满意了，大家肯定愿意花这个钱。比如，在国外很流行的"第二意见"对病人的意义很大，可以有效降低误诊率。"第二意见"很像发表论文，将作者隐去，发给不同的审稿专家，在看过不同专家的意见之后再决定是否发布。让多个医生都为诊断做出判断当然可以降低误诊率。对于商业用户，商家当然希望拿到第一手数据决定自己的商业策略，对于保险行业显得尤为重要。对于政府用户，需要让医保部门看到实惠，这样他们才会愿意付钱。如果群众健康水平提高了，医保赔付下降了，政府当然愿意付出一些比医保少得多的钱。

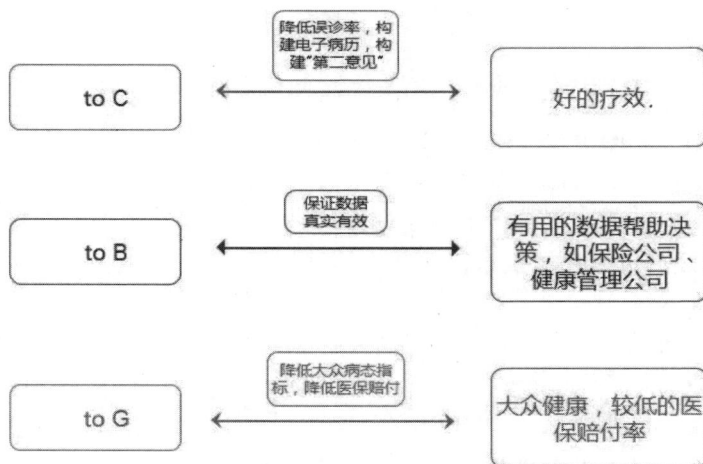

图 3.2.7

（2）大力发展医患关系媒介方面研究，并不仅仅以手机作为发展互联网医疗的唯一媒介。

国家也在大力发展移动可穿戴设备与相关硬件设备的研发工作。毕竟手机作为传播媒介过于单一并且具有局限性，研究适当的可穿戴设备作为医患关系的媒介势在必行。据行业内透露，政府也正在汇集大量资本对此进行准备。谁能取得这第一桶金，在很大程度上取决于对政策和市场的把握。

（3）集中精力进行线上问诊业务，将线上问诊向线下导流，蓄积力量等待政策变更。

由于政策的限制，目前还不允许在线诊疗业务存在。目前的互联网医疗能做的就是将线上的用户分流到线下的医疗机构，增加诊疗的有效性，同时可以结合药物电商等多种 O2O 模式开展业务。

以上简单总结了一些互联网医疗的发展方向。移动互联网成熟以来，医疗行业作为最后一块尚未开发的处女地而受到追捧，不过至今尚未有一套非常成熟的商业模式作为参考。无论是巨头还是创业公司，大家都在摸索中前进。作为互联网医疗的产品经理，我们有义务探索新的商业模式，这样才能给互联网医疗创造更大的空间和价值。

3.3　互联网知识付费行业现状

现在已经进入知识付费的阶段，或许非一线城市的用户还不能感觉到产品的核心变化。产品付费意味着产品收费，为内容而收费，在用户接触知识付费的初期，相信不少用户不习惯，并且极其厌烦。

当初瑞星、金山毒霸等杀毒软件都在收费的时候，360 突然宣布免费杀毒，那个时候各大公司还没有用户这个概念，免费的用户对于各大厂商来说就是非目标用户群体。杀毒厂商选择用户如图 3.3.1 所示。

目前，没有做行业垂直知识付费产品的有知乎、分答等，而做行业垂直知识付费产品的是比较典型的互联网金融产品，如雪球等。

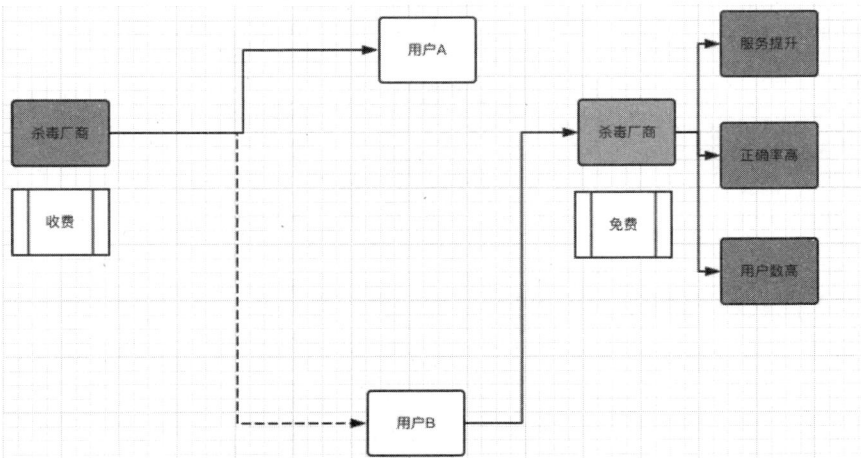

图 3.3.1

知识付费围绕的是 PGC 的沉淀，不同行业的产品和不同行业的大 V 产生的内容需要解决用户真正的问题。根据公司的资源以及产品定位，付费类产品的形式如图 3.3.2 所示。知识付费产品的传播有效性与传统产品不同，知识付费产品的逻辑始终是需要用户付费使用。传统产品的用户传播方式如图 3.3.3 所示。知识付费产品的用户传播方式如图 3.3.4 所示。

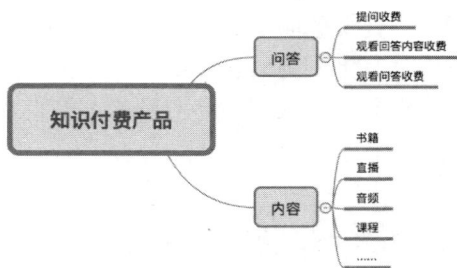

图 3.3.2

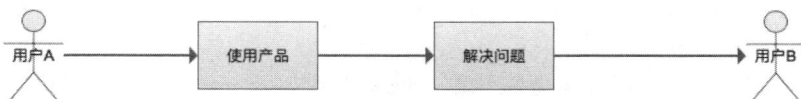

图 3.3.3

图 3.3.4

用户使用产品是为了解决当前的问题，有一部分用户只需要使用免费的功能就可以解决问题。

付费产品的核心：围绕能不能引导用户触发付费行为，产品中要有能够给 A 提供解决问题的内容，让用户 A 解决了问题并推广到用户 B。

3.4 互联网直播行业现状

2016 年被誉为"中国网络直播元年"，网络直播从一个个冰冷的手机应用变为充斥在年轻人休闲时光的热门话题；但是到 2017 年之后，我们看到直播行业的发展并没有像之前行业预测的那样乐观，各处大大小小的场合都高呼"直播+"的声音也日渐消退，我们听到的已经不再是直播而是人工智能。可以说，这阵风来得快、去得也快，归根结底是因为资本的加持及舆论的操作使得 2016 年直播行业风生水起，但随着投资人趋于理智，大众对直播的新鲜度持续下降，直播行业在 2017 年快速降温，也验证了资深投资人吴云松曾说过的话："直播起于秀场、闻名于明星、成于社交、正名于内容、赚钱于打赏、变现于上市、衰于放松监管、亡于下一代技术兴起。"

在这样的市场环境下，很多小型直播平台纷纷倒闭，但也有很多大型直播平台能够迅速适应环境变化，丰富产品，推出新形态的产品，输出更富创意的运营打法，朝着直播多元化、变现多样化、粉丝社群化的方向发展。

2017 年 10 月 31 日，Trustdata 发布了《2017 年 Q3 中国移动互联网行业发展分析报告》，报告中显示视频直播市场用户规模呈逐步萎缩态势，月活同比下降了14.1%。我觉得流失的是对直播行业抱着新鲜感的用户，在直播全民化的今天，随着新鲜感流失，他们的离开也是必然的。直播平台需要分析这类用户的本质需求，提供更多元化的服务，提升用户留存。图 3.4.1 为直播市场用户规模变化。

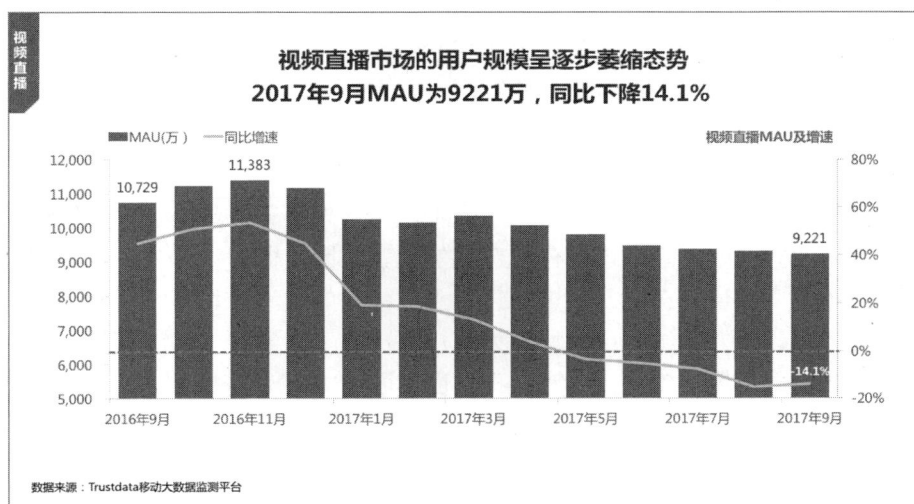

图 3.4.1

直播行业的用户活跃度虽然有所下降，但是整个直播产业链在 2017 年越发完善，直播行业上下游开始涌现出各类与直播相关的行业，从总体来看整个直播生态链包含了直播平台、内容创作、渠道传播、服务支持、直播服务这 5 个方向。直播模式最初为泛娱乐化直播、游戏直播、直播+表演，逐渐朝着社交化、内容化、垂直化、广告平台化的模式发展。

社交化：从本质上说，直播平台是领先微信、微博的新一代社交产品，是更具社交功能的产品，会持续获得关注。

内容化：直播将演变为一个产业，产业链布局越齐全、调动资源的能力越大、平台可承载的内容和造星功能越多，则越容易成功。

垂直化：直播正快速向垂直领域延伸，除了传统的游戏直播之外，直播+电商、直播+体育、直播+在线教育等形式将变得越来越多，且趋于成熟。

广告平台化：直播延伸出来的商业价值将得到体现。

例如，泛娱乐化直播平台不允许在直播间售卖商品，这催生出了专业的直播+电商平台这个细分领域，各大知名电商平台也搭建了自己的直播模块，但是各平台普遍面临着一个大问题，就是一场直播时间太长，用户无法精准地找到介绍某款商品的视频片段，再加上直播中有很多过场，若视频未经二次剪辑，会给用户带来重大负担，也会影响二次播放率，回放视频的价值就非常小。我们也看到，很多平台也在绞尽脑汁地从商家及粉丝角度出发在产品层面上提供更加优质的体验，如在电商直播间内，我们看到用户不定期地进入直播间，他们的诉求就是让主播试戴、试用、试穿某款商品，询问一些产品参数、材质问题，主播费力地给用户讲解商品，试穿试用，但是新来的观众看不到已经试穿过的内容，主播又需要重复试穿，非常麻烦。针对这个问题，淘宝直播给出的解决方案是在商家端主播在开始讲解某款商品时设置视频录制功能并关联到相关商品中，对于讲解过的商品，主播不再需要重复讲解，只需要引导用户观看短视频即可。

直播用户之所以萎靡，是因为之前资本过度炒作及舆论带来了大量好奇的用户。随着直播新鲜度下降，这部分用户自然流失，因为他们本来就不是直播的核心受众群体。可以说，直播行业也在经历"洗粉"的过程，作为直播产业链上的企业，我们应该想办法结合用户场景为用户解决更多的问题，抑或提供更丰富的直播间玩法服务主播及粉丝。当然，我们也知道 2017 年短视频火爆，DAU 突破 1 亿，今日头条系列的抖音、西瓜视频及火山小视频都呈现较好的发展态势，很多直播平台也纷纷推出短视频能力，既降低了主播的进入门槛，又让更多的用户加入，如粉丝可以使用直播间录屏功能截取片段视频分享传播，同时也丰富了平台的内容。

各大直播平台使尽浑身解数，输出各类花样式打法，虽然最近 DAU 下降，但是相对于 2016 年实现了观看人数的大幅增长，微博直播观看人数迎来新一轮增长，除了秀场直播发展迅猛之外，多个垂直领域日均观看人数成倍增加，如图 3.4.2 所示。

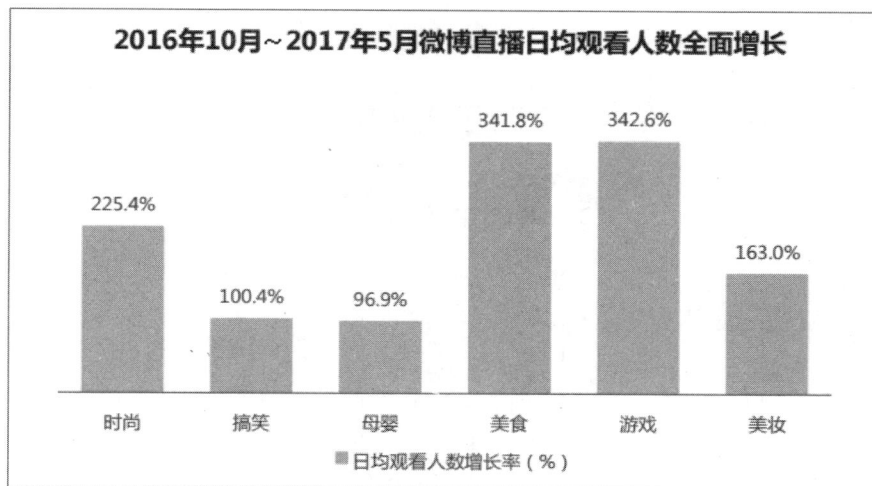

图 3.4.2

第4章 产品经理一定要懂开发与设计吗

4.1 App 技术框架

现在你可以看到越来越多的 App 是混合着网页加载的（俗称为 HTML 5.0），但要注意的是，Web 前端开发是包含 HTML 5.0 的。Web 前端开发还包括许多内容，如后台 HTML、CSS、DIV 等。HTML 5.0 属于 Web 前端开发的一种技术，即我们平时所说的移动端的网页制作，简称 H5。

你可能也会发现有的 App 并没有网页加载，一些工具性的 App 为了达到最好的用户体验和流畅的响应，所使用的 App 技术框架又有不同。

4.1.1 App 技术框架分类

App 技术框架分为三大类：Native App、Web App、Hybrid App。必须要提及的是，不管是百度小程序、微信小程序，还是支付宝小程序，都是基于 Hybrid App 框架技术的应用。图 4.1.1 为 Hybird 技术与 Web 技术、Hybird 技术与 Native（原生应用）技术的关系。

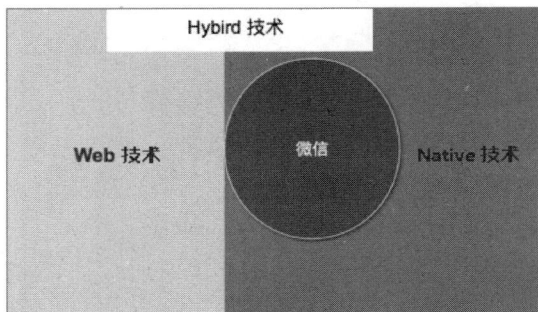

图 4.1.1

技术最终是服务于产品的，产品是解决用户问题的，因此这 3 个框架并没有好坏之分，都有各自的优点和缺点，图 4.1.2 为 3 个技术框架的嵌套关系。

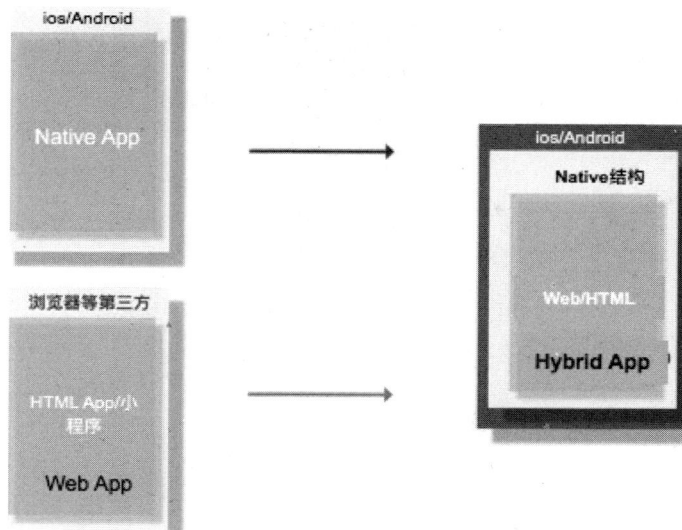

图 4.1.2

1．Native App

Native App 是基于智能移动操作系统（如 iOS、Android），使用对应系统所适用的程序语言编写并运行的第三方应用程序，可以直接调用系统操作的接口，可以调用足够的 CPU 资源，可以让 App 运行的速度更快、更流畅，常见的落地场景有大型手机游戏、对性能要求较高的工具类 App，但对运行 App 所占用的内存与所需要的手机配置也会有要求。

2．Web App

Web App 采用 HTML、CSS、JavaScript 等语言编写，受限制于 UI WebView，页面不存放在本地，也无法调用系统底层接口，对 CPU 使用有限，常见于比较轻的产品、利于传播的 App，在 Web App 中所使用的技术框架有 jQuery Mobile、Frozen UI、Iconic、Amazon UI、CardKit、AppJS 等。

3．Hybrid App

Hybrid App 是一种用 Native 技术搭建 App 的外壳，壳里的内容由 Web 技术提供的移动应用，兼具"Native App 良好交互体验的优势"和"Web App 跨平台开发的优势"，但同样受限制于 UI WebView，不能做大型游戏类产品，但可以兼顾交互体验和速度运行。

4.1.2　Native 技术、Web 技术和 Hybrid 技术的优势和劣势

产品经理在了解了技术框架后还应该熟悉技术的优势与劣势，以便在产品研发中选择对应的框架更好地帮助产品增长与转化，这三个技术的优势和劣势如下。

1．Native 技术

开发成本：要为 iOS、Android 系统各自开发一个 App。

维护成本：不仅要维护多个系统版本，还要维护多个历史版本（如有的用户使用 5.0 版本，有的用户使用 4.0 版本等）。

版本发布：需要发布（用户安装）最新版 App。

资源存储：本地。

网络要求：支持离线。

开发时间：耗时最长。

人员配比：需要 iOS、Android 系统的开发人员。

性能要求：对硬件配置性能要求高。

2．Web 技术

开发成本：只需开发一个 App 即可运用到不同系统的平台。

维护成本：只需要维护一个（最新版本）。

版本发布：直接发布，随时可以发布（除了审核之外）。

资源存储：服务器。

网络要求：依赖网络。

开发时间：如果选择的语言不同，那么会有影响，但是开发时间最短。

人员配比：需要会写对应网页语言的开发人员。

性能要求：对硬件性能要求低。

3．Hybrid（混合型）技术

开发成本：Native 技术部分需要 iOS、Android 系统各自配备开发人员，Web 技术部分只需统一配置调用接口即可。

维护成本：Native 技术部分需要维护最新版本和多个历史版本；Web 技术部分只需维护最新版本，并且可以支持随时维护修改。

版本发布：Native 技术部分需要发布（用户安装）最新的 App，Web 技术部分不需要发布（用户安装）最新的 App。

资源存储：本地服务器和腾讯云、阿里云等云服务器。

网络要求：大部分依赖网络，也可以在本地部署。

开发时间：由功能复杂度决定，若功能集中在 Web 技术部分则快，反之则慢。

性能要求：中等。

因为 Hybrid 技术融入了系统自身的接口，所以 CPU 占用率较高。因为 Hybrid 技术需要依靠网络，所以应用 Hybrid 技术框架需要考虑 Web 技术的常见网络、载入反馈等问题。

4.1.3　App 技术框架使用中常见的问题

Hybrid App 融合了 Native App 和 Web App 的技术特点，通过分析 Hybrid App 的技术框架成分，我们可以更好地掌握 App 框架的基本开发知识，更好地做设计。在使用 App 技术框架时，我们经常会遇见以下问题。

1. 网络导致的无法载入图片问题

图 4.1.3 所示为一个典型的利用 Hybrid 技术的 App 应用。因为商品的内容是丰富的，所以通过这样的技术框架可以避免安装包过大。因为要支持微信端口的商城，所以在减少资源浪费的情况下，我们只做了一套电商系统，但却因网络问题导致无法加载商品的信息流页面。

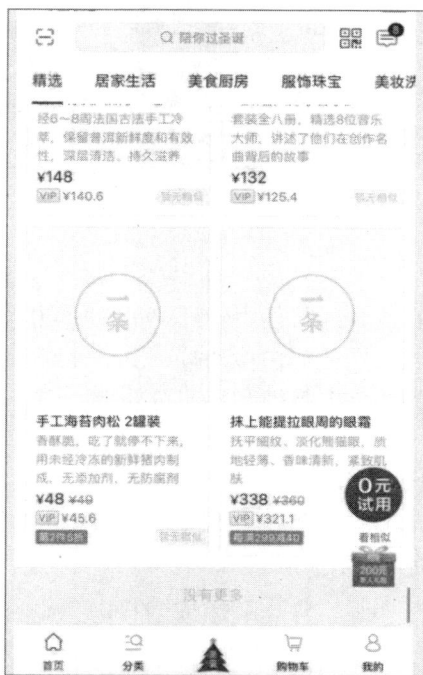

图 4.1.3

2．动画效果的问题

Native App 框架中有系统自带的动画，如缩放、载入、点击、弹窗。在产品设计中我们可以选择系统自带的动画，这样可以避免 Native App 成本过高。Web App、Hybrid App 都受限于 UI WebView，这导致需要访问多个层级进行渲染，最终造成的动画效果就是卡帧或性能下降。

对于游戏类产品来说，流畅是玩家最重要的体验之一，大型游戏一般都会全部采用 Native App 开发，游戏截图如图 4.1.4 所示。

图 4.1.4

3．兼容性问题

在 Hybrid App 中，我们会经常使用一套 Web 技术方案。我们会使用一套字体与风格，但是我们不可能让设计师在移动端、iPad 上使用不同尺寸的图。为了让设计方案更好地兼容不同的平台特性和手机分辨率，我建议文案和图形采用以下三种方式：

（1）系统默认字体。如果不是为了设计出特殊的字体样式，那么 iOS、Android 和 Windows Phone 系统的默认字体能够基本满足我们的需求，同时在不同平台上的显示效果也比较好，如图 4.1.5 所示。

（2）SVG 可缩放矢量图形。SVG 图形能够自由缩放来适应不同屏幕的尺寸和分辨率，不会模糊变形。SVG 图形是交互的和动态的，我们可以在 SVG 文件中嵌入动画元素或通过脚本定义动画。

图 4.1.5

（3）用 Iconfont 代替图标。Iconfont 能够自由变换大小和颜色，如图 4.1.6 所示。

图 4.1.6

4．把控 Web 技术与 Native 技术的平衡

Web 页面在 Hybrid 技术中更加自由，不管是在 UI 上还是在交互上都更能满足产品经理的需求，但要注意的是，如果 Web 页面太多就会导致用户对整个 App 的体验大幅下降。如果用户进入 App 后没有良好的 Native 体验，就会认为你的产品设计有问题。

Web 技术方式可以帮助业务复杂的企业实现一些定制化的需求。如果业务类型太多，那么全部依靠 Native 技术会让 App 显得过于臃肿并且耗费性能。

如图 4.1.7 所示，支付宝中的支付、下单、付款等高频操作采用的都是 Native 技术，减少了用户在高频操作中的卡顿现象。

图 4.1.7

4.2 产品经理应该关注的 App 性能技术指标

一个好的产品要用户体验好，App 性能技术指标和用户体验是如何相互关联的呢？

图 4.2.1 所示为 App 性能技术指标，产品经理应该考虑当前产品最关键的技术指标是什么。

图 4.2.1

1．卡顿

卡顿在产品中很重要，尤其在 3060 帧，卡顿这个产品指标直接影响用户的使用。如果响应时间超过 5s，74%的 PC 用户和 50%的移动应用用户就会放弃，5s

即用户的极限时间。

2．用户响应

当点击搜索时，用户的响应是进入搜索。如果能够弹出相应的搜索提示或内容，而不是让用户在点击搜索后进入空荡荡的页面，就可以提升交互的效果，这也是交互性能的一种提示。

另外，网络中断等异常操作的提示能给用户带来好的体验，减少用户的负面情绪。

3．闪退（Crash）

测试中出现的 Bug 优先级要按影响用户使用程度排序。如果操作的逻辑在使用中，某一个主路径必会导致崩溃，那么修改这个主路径的优先级是最高级。

闪退率是用户体验的核心指标。当然，产品经理需要整理相应的 Bug，不要打扰开发人员的计划。

在微信中，页面在加载时是不能分享的。但是如果当用户点击分享（或类似模块）时，iOS 版本一定会崩溃，那么产品经理应该将其列为优先级较高的需求去优化。

4．CPU 占用率

在一般情况下，用主流手机玩游戏占用 20%～40%的 CPU 是合理的，当然这个数值随着近年来手机硬件配置的提高会略微下降，如果 CPU 占用率超过 80% 就非常值得我们关注了。

5．其他性能指标

（1）安全、启动时间：采用 3DES 加密，无明文传送用户相关信息，App 启动时间不超过 5s。

（2）内存占用：整个 App 内存占用，不超过 16Mb。

（3）流量耗用：在待机状态下，24h 流量不超过 300Kb。

（4）电量耗用：在待机状态下，24h 电量消耗不超过 500mA。

（5）连接超时：连接超时不超过 20s。

（6）稳定性能：在待机和连续操作超过 48h 后，无闪退、卡顿、崩溃、黑白屏、网络劫持、不良接口、内存泄漏。

（7）网络性能：支持 2G、3G、4G 网络和 Wi-Fi 网络，当网络信号不稳定、网络连接被重置时，无闪退、卡顿、崩溃、黑白屏和内存泄漏。

4.3 我的 UI 与交互设计心经

良好的交互设计可以帮助用户使用相应的功能，让用户能够按产品经理的想法走应该走的路线，而不是在某个路线中跳出到其他页面。

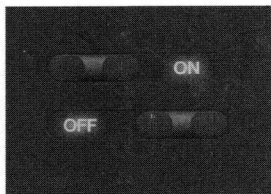

图 4.3.1

如图 4.3.1 所示，按钮的左右设计符合现实感，让用户一看就知道这个是可以左右滑动的按钮，符合生活中的习惯。如果一个功能存在，却没有相应的操作入口或按钮提醒，那么显然不会有好的用户体验。产品经理要自己挖掘需求，考虑在这里是用户长期需要这个入口，还是只是短期配合运营活动。

如果是长期需要，就要把它看为交互的问题，而非 UI 问题。UI 只是对交互的辅助，但就算 UI 有这个入口，如果这个入口没有相应的提醒或展现形式，那么用户仍然不能按照产品者的思路"前进"。

表 4.3.1 为对不同的环境因素交互设计的思考点。当然，产品经理需要总结自己的一些常用的交互解决方案。

表 4.3.1

编号	环境因素	影响点	解决措施
1	光	在强光环境下屏幕显示不清晰	自动调节屏幕亮度
2		在弱光环境下屏幕显示过于刺眼	提供夜间模式
3	声音	外界声音影响通话或录音	双麦克网降噪
4	网络	2G/3G 网络缓慢	提供无图的版本或者提供内容的简介
5		断网	给出断网提示，提供离线访问功能
6		使用流量连接网络，不能无限制地使用网络	减少流量使用，提供无图模式或者分段加载，不下载大文件
7	手势	在单手操作时操作不方便	在单手操作时，操作区域遵循费茨定律，操作区域要大且离手心近；提供手势操作代表点击
8	时间	用户在睡觉时不希望被打扰	用户睡觉时不提供推送
9	姿势	用户在走路时无法同时兼顾看路	把镜头拍摄到的实时路况作为背景

1. 交互设计永远离不开场景

交互设计永远离不开场景，场景可以简单归纳为需求场景、环境场景、移动场景。

1）需求场景——用户理解的产品场景

需求场景即用户对其产品的理解和定义，比如听到单词 App，应该想到会有单词集、音调、发音、例句，即用户在看到或听到这个产品时对它的理解。

2）环境场景——相关动作或情景

说到背单词，你可能会想到一个戴着耳机的人或在一个教学楼旁背单词的学生。闭着眼睛背单词、嘴巴不断念出声音，这就是我们在做交互设计时需要考虑的环境场景。

3）移动场景——手机场景

你的手机是什么状态的？用户拿着手机是开着后台，还是进行单词回放？手机是不是已经进入播放状态？这些就是移动场景。

考虑到以上 3 个场景，交互设计师的思考就会更加全面，当然交互设计师需要经验积累。

2．用户体验由什么因素决定

一个产品的用户体验涉及很多方面。与用户接触的产品业务为第一级关键因素，而产品的功能或设计则为后面再考虑的因素。用户体验的 3 个方向如图 4.3.2 所示。

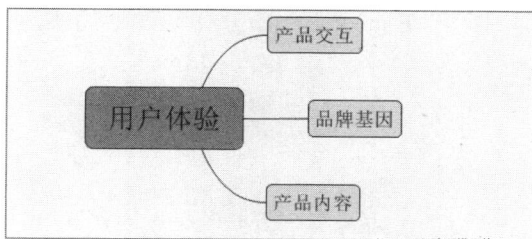

图 4.3.2

1）产品交互

好的交互效果需要好的前端支持，可以利用墨刀实现简单的交互效果，交互效果的关键指标在于细节。好的交互效果为达到用户预期、画面逻辑正常、细腻。

以时钟交互为例，用户的习惯是沿顺时针方向看时钟，另外，时间的逻辑为 24h 或 12h 时间制，整个钟表的交互细腻可以体现在指针走势的小圆点能不能让用户真实地感觉到相应的时间变化。

2）品牌基因

在产品或设计界中比较火的一篇文章是关于淘宝改版设计的，这篇文章提到品牌基因。从 0 到 1 的产品是依靠用户的定位来决定产品定位的。

通过用户定位，我们可以整合出关于用户的一些关键词或者标签，例如成熟、简洁、活力。图 4.3.3 所示为 Keep 的定位。

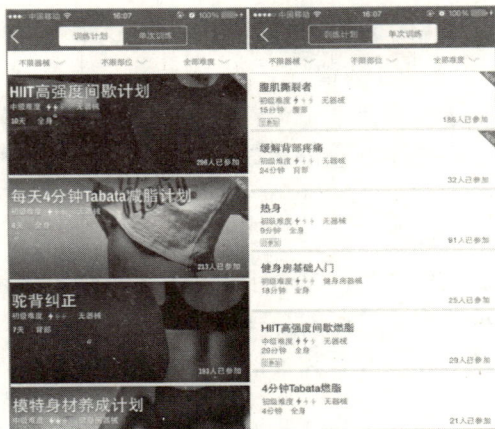

图 4.3.3

Keep 面向的是爱运动的用户，有肌肉、汗水、激情这几个关键词。

以汗水为例，分析品牌基因，如图 4.3.4 所示。我们可以看出，整个产品需要稳重和舒适的基调。为此选择以灰色、白色为主打色，灰色中凸显的按钮以绿色为主。整个品牌的基因配合 Banner（配图），就可以展示出整个产品的基调，如图 4.3.5 所示。

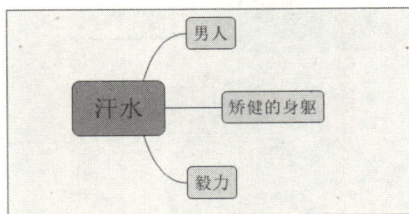

图 4.3.4

图 4.3.5

3）产品内容

产品内容指的并不是内容运营，而是产品内容展现。

在产品中，内容的展现形式基于视频、图文、文字、图传达，如图 4.3.6 所示。产品内容要与产品交互联动，如产品的跳转以及页面切换等。App 内容与页面交互联动如图 4.3.7 所示。

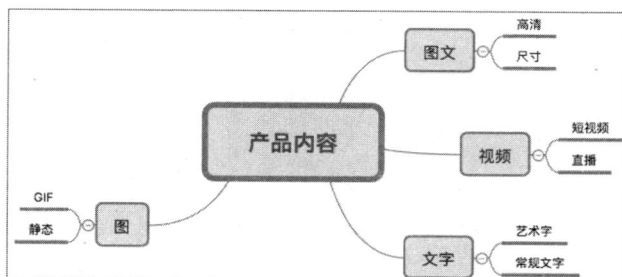

图 4.3.6

图 4.3.7

需要注意的是，产品内容是辅佐产品品牌基因的。还以 Keep 为例，因其定位为年轻人群，所以采用 Banner 瀑布流的方式，让其相应的图片元素获得最大的展示。这决定了其展示方式不以文字为主，应以图和视频为主。

产品经理只需要先临摹一线的产品，至于内容的选择就是内容运营的事情了，不会给用户造成困扰。打造好的用户体验是每一个产品经理都想做的事情，但是往往困难重重。

4.3.1 用户体验

在用户体验上，要把握两点：少即是多、用户至上。

1．少即是多

我认为产品经理在设计 App、Web 和 Platform（开放平台）时，都需要少即是多的概念。

产品经理不用担心展示的信息量太少，交互设计师也不用反感信息量太多，通过合理的分层与分组控制，再配合视觉上的一些优化，利用格式塔理论可以有效地对信息进行整理，并把每一级的数量尽可能控制在符合米勒公式的要求内。

2．用户至上

对于用户至上，张小龙用了微信举例。微信的很多内部、外部合作以换量或换资源的方式进行，但是微信的用户至上价值观至关重要，在资源的合作上如果不是以用户需求价值为第一考虑的，即使内部也不会合作。

4.3.2 用户体验中的基因风格

极简风：更少的按钮和选项使得用户页面变得更加干净整齐，用户使用起来格外简单，此风格的具体特征表现为没有多余的效果。此风格没有使用复杂的投影、凹凸或渐变等，使用简洁风格的元素和 ICON，使用大胆且明亮的配色风格，采用尽量减少装饰的极简设计。

轻微质感风：输入框、复选框、开关以及其他功能控件的选择应该基于平台的特征，尽可能地使用原生控件，以便让用户知道如何使用它们。这样，用户在录入敏感数据或在支付时才会更加信任你的应用。轻微质感风与极简风对比如图 4.3.8 所示。

色彩碰撞风：色彩碰撞风与整体的色彩浑然一体，用户在进入时得到的冲击是非常强烈的，在用户体验上，首先进入的是颜色与形状，其次是相关的动作与排版。

（1）轻微质感风　　　　　　（2）极简风

图 4.3.8

1．活动的氛围展现

活动首页的展示要有氛围（有感染力、要让用户感觉活动受公司重视），如图 4.3.9 所示。我们所说的"氛围"不外乎靠"色调+文案"营造，要注意的仅仅只是文案突出，消费者能一眼接收主要信息就足够了。

图 4.3.9

2．两个活动氛围的对比

如图 4.3.10 和图 4.3.11 所示，从两个不同的页面中用户可以感受到它们所表达的活动氛围是不同的，也可以感受到官方的重视程度与活动规模的大小。

图 4.3.10

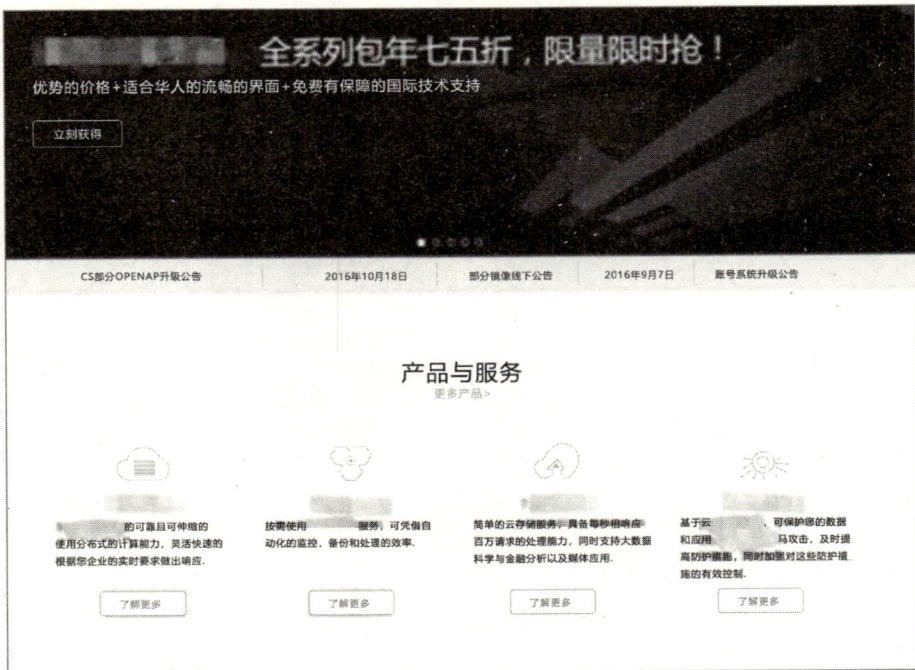

图 4.3.11

4.3.3　文案与字体带来的新交互

字体也需要遵循平台的标准：Android 系统使用 Roboto 字体，iOS 系统使用 San Francisco 字体系列，如图 4.3.12 所示。

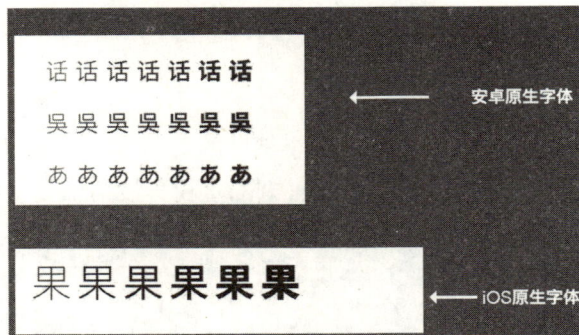

图 4.3.12

设计师在写 UI 文案时，文风越接近网站或 App 整体的语言风格，就越融入整体，也就越让用户的阅读和使用没有障碍。

动词的使用，在文案中也非常重要。为了促使用户执行操作，要多用及物动词，少用不及物动词和名词。及物动词，简单来说，就是必须有宾语跟随的动词，像"解锁"的"解"，"锁"是跟随"解"的宾语，动词"解"必须与宾语"锁"同时出现，才能保证意思的完整，此处的"解"便是及物动词。

及物动词能从行动者（用户）的角度出发，动宾结构能让用户直接代入自己作为主语，从而促使用户执行操作。当我们希望用户做某些操作时，可以有意识地使用及物动词。

4.3.4　移动端交互

图 4.3.13 中哪个是 iOS 系统交互，哪个是 Android 系统交互？

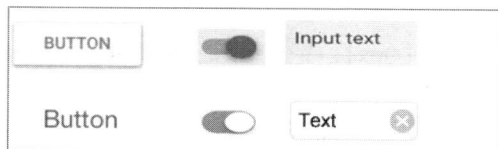

图 4.3.13

不知道你是否猜对了，在页面风格上，产品经理、设计师要确定页面整体的系统背景（环境—外在）和页面品牌的风格（自身—内在）。

可以使用抽屉式交互的情况有顶级视图超过 3 个、低层视图交叉导航、导航层级很深、用户需要频繁访问导航。图 4.3.14 所示为某 App 的抽屉式交互。

图 4.3.14

另外，在使用抽屉式交互的时候，需注意以下两点。

（1）新手引导。当初次进入 App 时，默认展开抽屉，然后自动收起。可以考虑设置展示频率，例如前 50 次默认展开。

（2）区分平台，因地制宜。可以针对不同平台做不同的解决方案，只借用抽屉的优势，不必局限于 Android 官方文档里规定的交互模式。

1. 移动页面的硬性指标

从 PC 端到 App 移动页面的设计，新产品经理需要注意的硬性指标为移动端的分辨率，现在主流的指标如下。

（1）xhdpi [720px×1280px]（以前的中端机屏幕为 4.7～5.0 英寸；如今的中低端机屏幕为 5.0～5.5 英寸）。

（2）xxhdpi [1080px×1920px]（以前的高端机、如今的中高端机，屏幕通常都为 5.0 英寸以上）。

（3）xxxhdpi [1440px×2560px]［极少数 2k（2000 Resolution）屏手机，如 Google Nexus 6]。

对于这些分辨率，有多种处理方法，但是首先要考虑速度。

如果追求图片质量，愿意牺牲加载速度，就可以按照最大的屏幕设计，即 iPhone 6 Plus 的尺寸，倍率为 3，逻辑像素为 414px×736px。

2. 字体的考虑

iPhone 的英文字体格式为 Helvetica Neue、中文 MAC 中用的是黑体-简，Win 系列中则为华文黑体。

Andriod 系统的字体为 Droid Sans Fallback。

3. 页面的设计原则

页面设计原则如下：

（1）少让用户输入，在用户输入时给用户一些参考。

（2）设计时要考虑用户使用产品的场景。

（3）产品的页面应该满足用户心理需求，而不是为了完成项目。

社交需要的核心交互场景是消息、通知、请求；音乐视频产品的应用场景通常是下载、搜索；工具类产品需要有工具条（Toolbar），如浏览器、语音助理、音乐识别应用等。

全局导航需要一直存在，最好还能预览其他模块的动态，这一点是非常重要的，尤其要能够让用户随时返回首页、返回上一次浏览的页面，要让用户在产品的任何一个场景下都能够去自己想要去的页面。

如果页面加载的代码多了，导致文件增大了，就会影响加载速度。响应式图片、资源的加载需要一定的配置基础，对一些低配置的设备来说无疑增加了响应时间。

大型门户网站或电商网站的内容和图片资源非常多，如果用户用低分辨率的设备登录，而浏览的内容非常多，那么用户可能不会为了找一个宝贝花几十秒去翻页。

响应式产品设计针对不同设备也有不同的排版，对于用户来说，如果他们使用不同的设备操作，就会产生不适应感。当然，优秀的响应式产品设计会给用户相同的内容，但是这不能达到 100%。

4．异常页面与 Toast（提醒）交互设计

说起异常页面，我们会想起在日常生活中使用 App 或系统产品时出现的一些反馈提示或反馈页面。异常页面里面可能会包含 Toast。

从 Android 系统和 iOS 系统的人机交互规范角度来看，国内的 App 都会将 Android 系统和 iOS 系统统一，这是因为人力和开发资源有限，并且交互设计师或产品经理只需要做出一套说明文档。只要不影响用户实际操作体验，当然就没有太大问题。

异常页面的反馈提示需要文案和 Button 合理搭配，能够减少用户对产品的抵触情绪，甚至能够有效地引导用户进入某个模块或功能，如图 4.3.15 所示。

当网络连接失败时，要提醒用户重新连接，并指导用户进入网络设置，给用户解决当前页面问题的方法和指导，如图 4.3.16 所示。这比什么都没有，或者给用户报错（如 90001 错误），请用户重试，效果要好得多。

图 4.3.15

图 4.3.16

1）异常页面

移动端页面异常总共有以下几类：访问不存在的页面、操作失败的页面、获取数据失败的页面。

在介绍了页面异常和异常情况之后，在落地产品设计中，产品经理要保证当异常页面出现时，能够给用户一个正确的提示。

我收集了来自"大厂"的一些产品异常页面截图，可以帮助落地相应的页面。利用文案和 ICON 或 Button 的结合，可以提高产品转化率。

（1）访问不存在的页面。

案例 1：页面内容无法加载显示（如图 4.3.17 所示）。

案例 2：页面丢失（如图 4.3.18 所示）。

图 4.3.17 和图 4.3.18 都为页面的错误情况加上了当前页面的走向按钮。

访问不存在的页面的原型设计如图 4.3.19 所示。

图 4.3.17　　　　　　　　图 4.3.18　　　　　　　　图 4.3.19

（2）操作失败的页面。

案例 1：购买操作失败页面（如图 4.3.20 所示）。

案例 2：扫地机器人链接失败页面（如图 4.3.21 所示）。

图 4.3.20

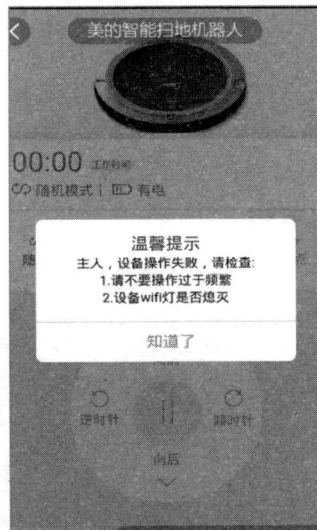

图 4.3.21

　　操作失败页面案例有区分单个异常和异常说明的情况，其中在美的智能 App上我们可以看到其异常不仅有提示，而且给出 Toast 显示产生当前错误的原因，可以方便用户修改操作，方便用户恢复正常使用的状态。

　　操作失败的页面的原型设计如图 4.3.22 所示。

图 4.3.22

（3）获取数据失败的页面

案例 1：断开网络提示（如图 4.3.23 所示）。

案例 2：页面数据解析错误（如图 4.3.24 所示）。

图 4.3.23

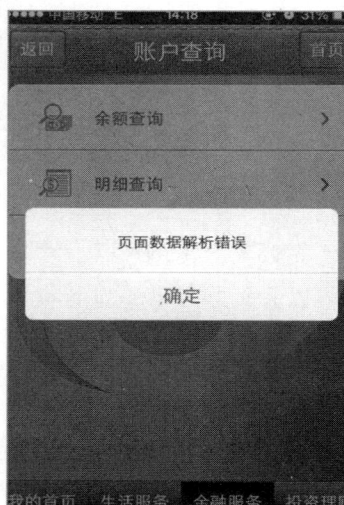

图 4.3.24

图 4.3.23 和图 4.3.24 为获取数据失败的两种情况，第一种以页面文案提示；第二种以 Toast 说明该页面的错误原因。

2）异常情况

异常情况分为断网状态、服务器异常、操作失败、权限限制、网络切换（Wi-Fi—移动数据—飞行模式）、字符限制、反馈提示。

（1）断网状态。

案例 1：404 错误，页面丢失提示（如图 4.3.25 所示）。

案例 2：微信断开连接提示（如图 4.3.26 所示）。

图 4.3.25

图 4.3.26

以上两个案例说明在断网情况下不仅需要给用户当前网络提示，还需要给用户一个操作入口，能够给用户修复当前状态的行为提示操作。

断网状态的原型设计如图 4.3.27 所示。

图 4.3.27

（2）服务器异常。

案例 1：网络异常（如图 4.3.28 所示）。

案例 2：数据加载异常（如图 4.3.29 所示）。

图 4.3.28

图 4.3.29

同样的，若产品的服务器没有响应，我们就需要在文案中提示当前的状态，给用户当前操作的权限。

服务器异常的原型设计与断网状态的原型设计一样，如图 4.3.27 所示。

（3）操作失败。

提到操作失败，我们需要梳理清楚当前用户的操作场景，如果产品不同，那么其功能点也不同，用户操作也不同。这里我梳理了以下用户操作行为：发送操作、评论操作、点赞操作、分享操作、收藏操作、拍照操作、录像操作、剪辑操作等。

如果用户操作的场景不同，那么在产品落地中我们使用的 Toast 或页面提醒也应该不同。

案例 1：登录失败按钮显示（如图 4.3.30 所示）。

案例 2：摄像头打开失败显示（如图 4.3.31 所示）。

图 4.3.30

图 4.3.31

以上操作失败有提示，提示用户当前处于××操作，能够给用户再次尝试的入口。

（4）权限限制。

案例 1：权限交互开关（如图 4.3.32 所示）。

案例 2：权限开关（如图 4.3.33 所示）。

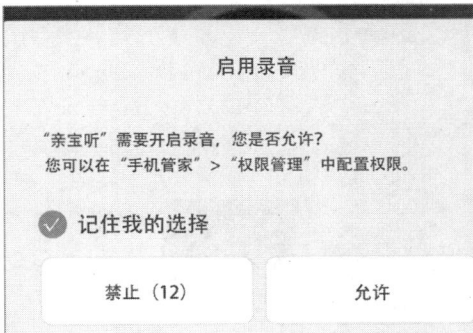

图 4.3.32

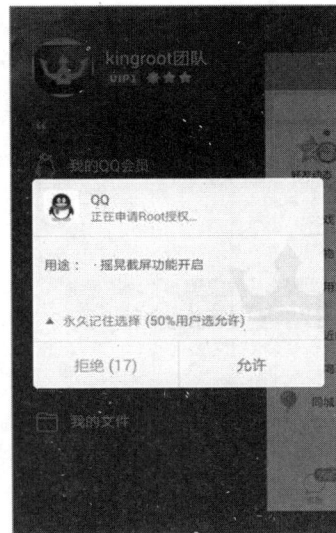

图 4.3.33

在移动端中，权限限制需要向用户说明如何允许或拒绝系统权限的文案、操作选择。这里都以 Toast 或 Dialog 提醒，在很多时候会直接调用系统层的部件设计。

权限限制的原型设计如图 4.3.34 所示。

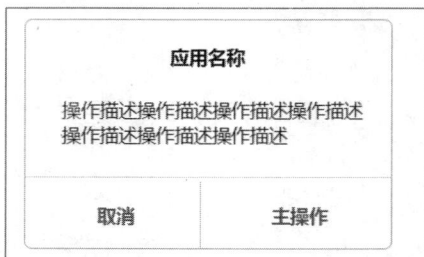

图 4.3.34

（5）网络切换。

案例：网络切换（如图 4.3.35 所示）。

这里需要说明，网络切换以 Toast 或 Dialog 提示，在移动端中给用户信息显示，让用户知道当前的网络切换状态在应用中已经被识别，尤其在需要消耗流量的场景下，提醒用户显得尤为重要（如直播、短视频等）。

网络切换的原型设计如图 4.3.36 所示。

图 4.3.35

图 4.3.36

（6）字符限制。

案例 1：输入字符超过限制提示（如图 4.3.37 所示）。

案例 2：输入字符过少提示（如图 4.3.38 所示）。

图 4.3.37

图 4.3.38

字符限制的提示需要区分场景，在发送场景和编辑消息的场景中字符限制的提示是不同的。如果在编辑消息的场景中，则在输入时提示。

字符限制的原型设计如图 4.3.39 所示。

图 4.3.39

（7）反馈提示。

案例 1：发布成功的提示（如图 4.3.40 所示）。

案例 2：邮寄列表的提示（如图 4.3.41 所示）。

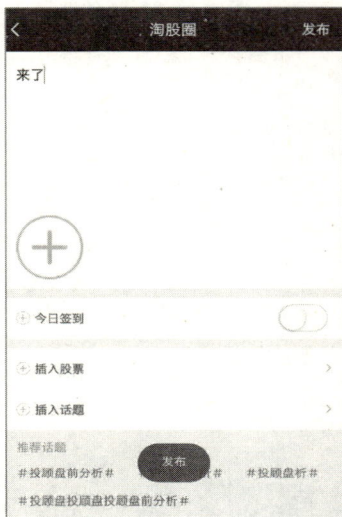

图 4.3.40

图 4.3.41

以上为用户操作成功提示、操作提示反馈，反馈提示往往是为了满足人类的交互习惯，人们在与人交流时最不能忍受的是在和别人说话时，别人却没有一点反应。这些提示都会在 1s 左右显示，短暂地出现在画面上。

反馈提示的原型设计如图 4.3.42 所示。

图 4.3.42

最后要说的是，需要避免过度反馈、不要打断用户的意识流、避免遮挡反馈。

3）贴心在文案

上面用案例梳理了异常页面的产品设计，但要想让用户感到贴心，必须与文案结合，用产品形态+内容的方式达到转化、促活的目的。毕竟用户在移动端的内容浏览情况权重为视频>动态>图>文字。

现在，用户浏览文章非常快，所以一份好的文案必须要注意以下几点。

（1）简短。在写好文案后，要尽量缩减文字。要根据产品落地的形态进行缩减，如果为 Toast，那么文案要尽可能在 10 个字或 15 个字符以内。

（2）区分字体。要根据内容重要程度，使用不同的字体。比如，标题和正文字体不同，如图 4.3.43 所示。

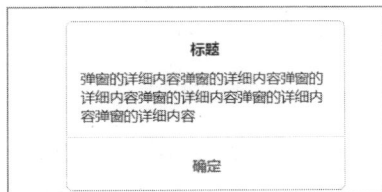

图 4.3.43

（3）给词汇排序。在设计文案时，要将最重要的词语呈现在屏幕上，让不重要的内容看起来也不重要，如图 4.3.44 所示。

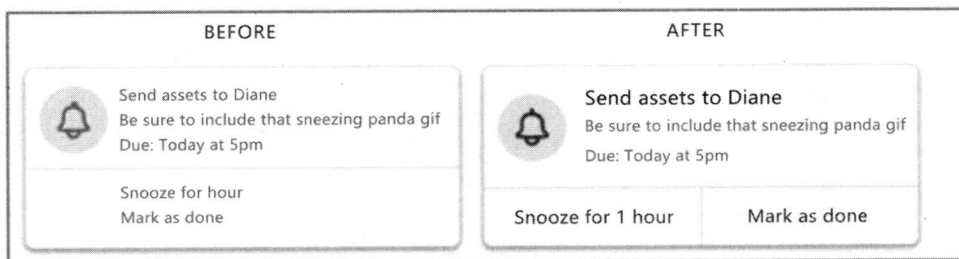

图 4.3.44

你觉得哪个更通俗易懂？

（4）分部展示文案。这特别适用于用户引导文案，在一个页面中往往不能把文案写全，这时可以根据操作步骤或引导用户的操作步骤将文案分开，如图 4.3.45 所示。

图 4.3.45

（5）利用高保真。保真是为了解决在 Word 或 TXT 文档中文案的显示效果无法预测，导致文案可能太长或太短，达不到我们想要的效果。

我们利用高保真的原型设计，可以更快地落地文案。

5．Android 系统和 iOS 系统的交互

在移动端中，Android 系统与 iOS 系统的交互对应用产品的设计有影响吗？下面 4 组为 Android 与 iOS 用户对应用产品的安装与卸载数据。

（1）全球超过 30%的 App 在用户安装后最终会被卸载。减少 App 的卸载率是取得成功的关键之一。

（2）Android 应用产品的卸载率比 iOS 应用产品高两倍，存储空间、App 质量、设备质量以及诱导安装是产生差距的主要原因。

（3）在 Android 设备上有 43%的游戏被卸载，而购物应用产品被卸载的比例相对较低，只有 21%；iOS 用户则更忠实，仅 13%的游戏和 9%的购物应用产品被卸载。

（4）在美国，Android 和 iOS 应用卸载率最低，分别为 31%和 12%。

从 Android 与 iOS 的数据可以看出，对 App 应用产品来说相同产品在不同平台的卸载率不同，归根结底便是交互设计不同，影响了用户使用。良好的交互设计可以增加 App 使用率以及忠实用户数量。

现在 Android 系统普遍采用侧滑菜单交互，如图 4.3.46 所示。

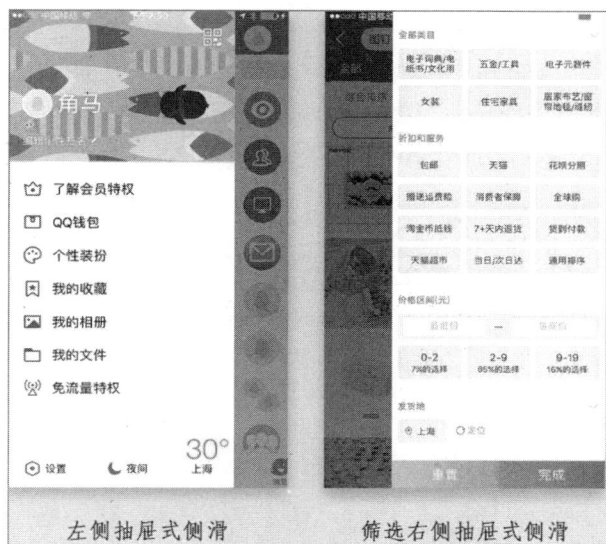

左侧抽屉式侧滑　　　　筛选右侧抽屉式侧滑

图 4.3.46

这种交互方式可以解决大屏用户不方便点击的缺点。但因为 Android 系统设备多样，所以需要考虑适配问题。如果手机校准不好，那么会造成用户点错，出现各种意想不到的 Bug，解决起来很费劲。

1）风格的对比

Android 系统应用产品的整体风格：有活力，自由，绚丽（自 Android 5.0 后），可定制性高，方便快捷。

iOS 系统应用产品的整体风格：干净，整齐，有条不紊，逻辑性强，易于使用。

2）开发的对比

Android 系统应用产品不需要审核，打包签名后就能在应用市场上线。而 iOS 系统应用产品需要审核，第一次审核的周期一般是 2 周，而且很可能因不符合平台规范被退回。苹果 App Store 增加了对应用的质量把控，而在国内 Android 应用市场却没有这样的审核，所以有可能存在第三方恶意应用。

3）人群对比

这里从消费能力、消费观念、年龄分布、用户习惯对比。

（1）消费能力：iOS 用户的消费能力相对较高，苹果没有低端机型，周围有附加产品，需要配套使用。Android 系统的机型有低端机和高端机，满足了用户的选择性，但用户消费能力参差不齐，大部分 Android 用户的消费能力有限，不会购买相应的周边产品。

（2）消费观念：Android 用户的消费观念传统、保守。iOS 用户的消费观念相对 Android 用户来说更加超前一些（采用分期或其他交易方式的用户多）。

（3）年龄分布：iOS 用户年轻一些，女性用户多；Android 用户年龄广，各个年龄段都有。

（4）用户习惯：iOS 用户忠诚度高，至少是苹果的其他产品用户之一，或是上一款苹果手机的产品用户。原生系统中自带 App 的使用深度深、频率高。Android 用户忠诚度相对较低，用户流失后会去苹果，Android 用户习惯使用的相应功能也不同。

6．App 常用的交互效果

1）左右滑动

当我们进入 App 页面时，通过左右滑动可以切换 Button，在每一次切换时 Button 的大小都不同，会产生单独变大的效果，如图 4.3.47 所示。

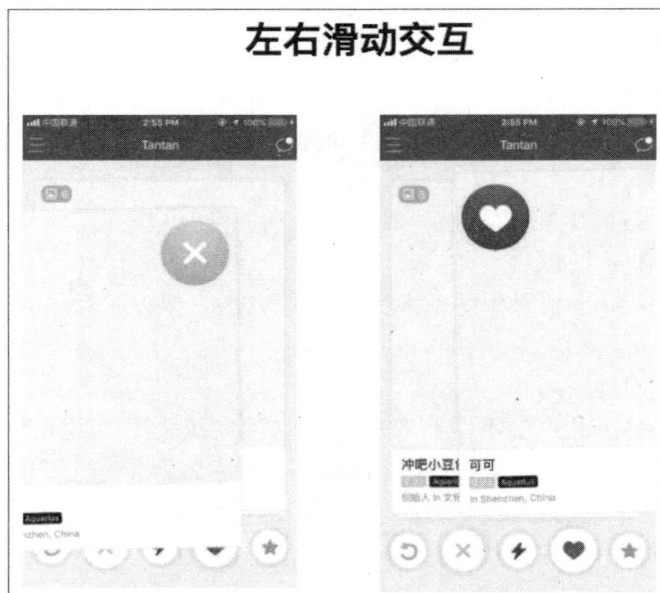

图 4.3.47

2）密码输错

借鉴支付宝密码输错的情况，当用户输入密码错误时，头像变小，错误提示变大，如图 4.3.48 所示。在输入密码的场景下，本应该突显错误提示的情景就被体现得很不错。

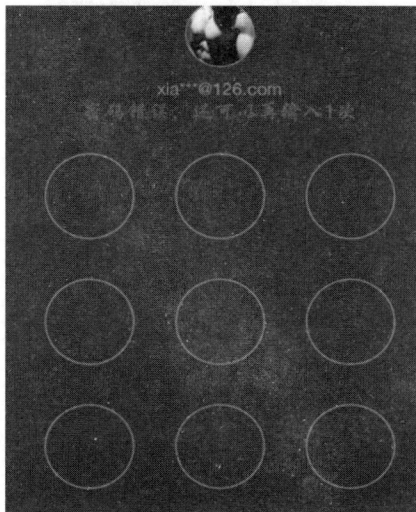

图 4.3.48

3）文字太长不足以描述文本

图 4.3.49 以标题的形式压缩你需要表述的文案，用户如果觉得有兴趣自然会继续阅读。当然，也可以考虑采用二级页面跳转的形式或标题超链接的方式。

图 4.3.49

4）通过实际效果而不是在 Office 或 WPS 上预览

用 Sketch（设计工具）预览 Alert（警示）效果提醒，可以知道字段的显示情况与文字在整个提醒框中的大小情况，以便开发与沟通，如图 4.3.50 所示。

图 4.3.50

App 的评分弹窗或 Alert 交互设计可以降低用户的反感，增加用户评分的分值。

4.3.5　Web 端交互

1．4 个不要和 1 个法则

不要把网站的体验复制到应用程序上：比如，带下划线的链接。你应该避免使用带下划线链接的文字，这属于网页而不属于移动应用（移动应用使用按钮而不使用链接）。

不要出现空白状态：空白状态（尤其是错误状态）不应该是一个"死"的状态，它应该告诉用户需要怎样操作才能看到相应内容，从而使应用程序正常运行。空白状态的文案提示如图 4.3.51 所示。

图 4.3.51

不要把用户引入浏览器：如果应用程序缺少某些功能和内容，那么可以尝试使用一些嵌入应用的浏览器；但是不要调用手机的浏览器，这样会导致用户失去方向并无法返回原先的应用程序，会增加用户抛弃应用的概率，从而降低转化率。

不要在用户下载应用程序后立即要求其评分：要避免打断用户，不要让这些才下载 App 或者只用过几次的用户为你的应用程序评分。相反，等到用户被证明是多次使用者，他们将更有可能为你的应用程序评分并提供更有价值的反馈。

目的法则：比如，"为了让您的账户更安全，请设置手势密码"，这个文案换为直接指示"请设置手势密码"更为醒目。

2．响应式设计

响应式网站设计（Responsive Web Design）的理念：集中创建页面的图片排版大小，可以智能地根据用户行为以及使用的设备环境（系统平台、屏幕尺寸、屏幕定向等）进行相对应的布局。

从其定义可以知道，响应式是根据使用的平台产生适配变化，如 PC 或 PAD 等场景变化，页面发生交互变化的交互布局模式。

响应式虽然也有缩小的情况，但是它却会选择用什么形式展示给用户，如图 4.3.52 所示。

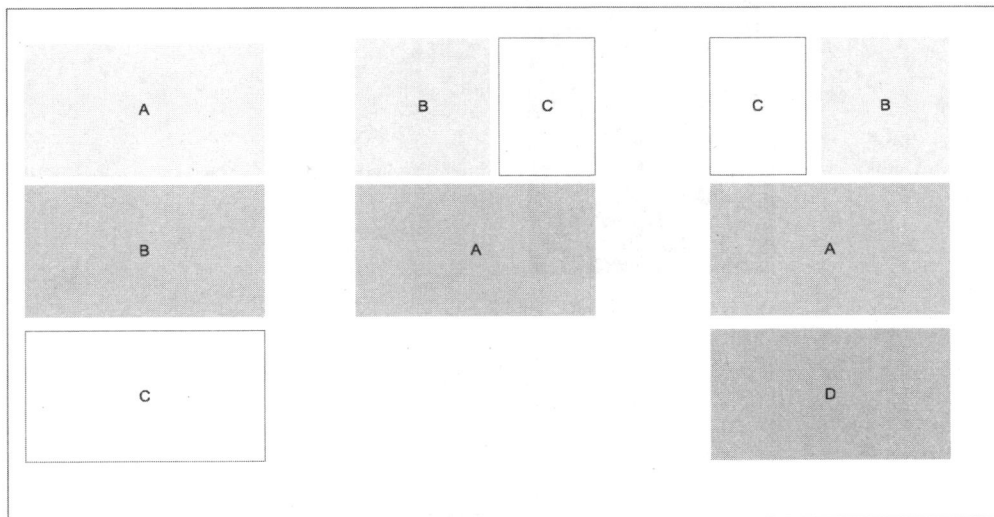

图 4.3.52

缩放式交互（如图 4.3.53 所示）：缩放也是响应式的一种。但它们的位置布局没有发生任何变化，相对静止。

图 4.3.53

3．Web 端导航设计

导航设计可以帮助用户提升各个业务之间的工作效率，如图 4.3.54 所示。最常见的导航设计以某一个业务线做导航区分业务流程。比如，用户管理负责用户的黑名单、白名单、基本信息，而订单管理负责订单中未付款、已付款、已发货、已收货流程。

图 4.3.54

后台产品不同于对普通用户的产品。后台产品设计不需要太注重交互和 UI 设计，最重要的是建立功能模块。对于导航栏的产品设计，产品经理应该希望操作人员能够知道该类导航是负责某一个功能管理的。

4.3.6　交互设计的 2 个技巧和 1 个评分细则

交互设计技巧一：弱引导。采用文字引导。

使用场景：不需要让用户一眼注意到该功能，但需要用户在使用时可以发现，当功能重要程度较低时适用。

弱引导又继续细分为以下两种。

（1）需要长期存在，在消失后用户较难回忆。方式为固定存在。

（2）只需要首次引导，在用户学会后较容易根据场景回忆。方式为点击一次后文字消失。

交互设计技巧二：巧用微交互。

微交互所带来的有趣体验为用户创造出一个有趣的瞬间。用户每次保存设置、发送消息、登录账号，都会伴随着好玩而微妙的微交互。以 Instagram 产品中点赞的按钮为例，用户在尝试过之后，这种交互会让用户沉迷其中，使用户乐此不疲。

图 4.3.55 所示为微交互案例。通过鼠标的上下滑动，Banner 上下浮动。

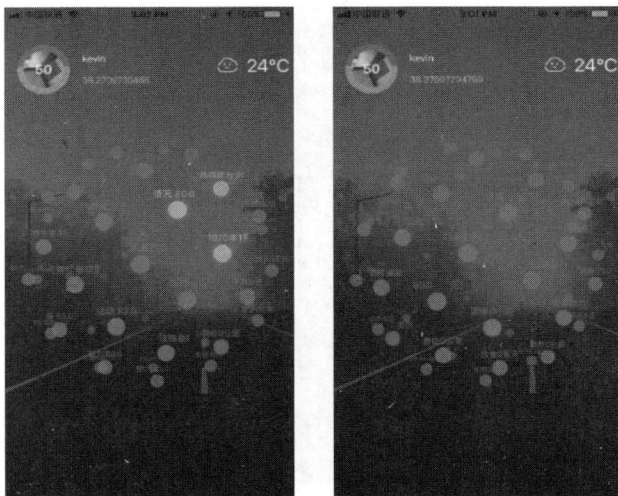

图 4.3.55

除了交互分析之外，产品经理需要对比竞品的交互，列出优点与缺点，可以按以下 8 点进行评分：色彩舒适度、文字的主次、信息可读性、UI 识别性、交互性、易用性、微小的细节、微小的创意。

第 5 章　实战案例

5.1　运营类产品案例

5.1.1　消息盒子产品案例

在开始落地消息盒子推送（Push）前，需要了解推送机制对产品的作用，推送的目的是唤醒用户还是激活用户。

根据产品的资源和当前阶段，我们可以选择 3 种产品推送模式：

（1）智能推送模式。① 基于用户行为数据：启动 App 频次、打开时间段等。② 基于用户画像：用户的使用时间、作息时间。③ 基于内容：推荐用户可能喜欢的内容。

（2）人工推送模式。① 可以满足运营活动或功能迭代等需求，能够从后台进行推送。② 可以控制推送的内容、推送的位置或元素。

（3）系统推送模式。满足产品基本信息通知，让用户了解当前信息状态、好友动态、自己状态的变化。

对于推送来说，IM（即时通信）是第一个与用户交互的模块，其推送的文案与功能可以按微信或 QQ 标准模块设计。

系统消息的推送需要考虑目前的产品是否有需要触发的模块，推送往往是当前产品的延伸，即产品要优先有交互或发出信息流的来源，推送才会成为下一个考虑的节点。

在产品设计中，我建议新产品经理在一开始就考虑整体规划，而不是单独做某个模块。推送的整体规划如图 5.1.1 所示。

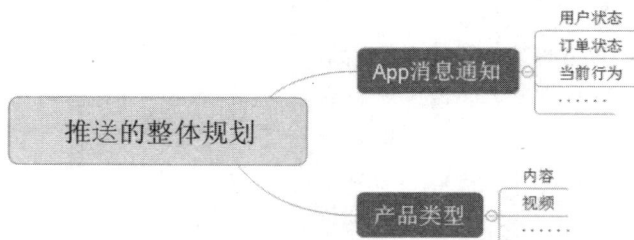

图 5.1.1

这也是许多产品经理在做推送规划的时候遇到的一个问题，这会让开发人员不停地埋怨产品经理考虑得不全面。

Android 系统与 iOS 系统的推送是不同的，移动端与服务器都有一个建立连接的通道，使得 App 可以拉取（Pull）来自服务端的消息，服务端又可以给 App 推送消息。

对 Android 系统来说，虽然用户可以关闭程序，但是可以保留一个后台服务维持这个推送的服务链接通道，Android 用户仍然可以收到推送消息。

iOS 系统则不同，如果用户点击了关闭通知，那么用户必须去消息通知打开通知开关，才可以收到推送消息，所以对于 iOS 系统来说，用户一旦关闭了推送消息通知开关，我们一定要注意建立消息通知开关提醒，让用户能够打开消息通知开关，如图 5.1.2 所示。

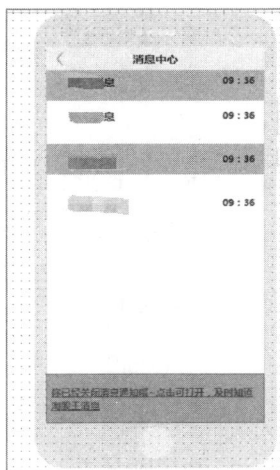

图 5.1.2

表 5.1.1 是一个消息推送的文案配置模板，开发人员可以通过这个模板知道我们想要的效果。

表 5.1.1

序号	类型名称	标题	详情	交互	说明
1	××模块	××消息	1. ××评论了你的动态	点击进入××页面	评论、点赞、转发
			2. ××点赞了你的动态		
			3. ×××转发了你的动态		
			4. ××行为		

有些推送是可以交互的，有些推送是不能交互的。这要看产品与运营的需求，我们可以将推送进行分类，如果是功能性的推送，可以让用户首先使用。

5.1.2　产品关联性设计

产品经理要尽量通过关联性产品设计，让用户触达产品转化页面。比如，产品经理要尽量增加分享入口、增加用户打开核心功能的频率，要判别这个功能在产品中是需要埋得深还是需要埋得浅。

产品后台的关联性设计如图 5.1.3 所示。

产品经理要明确后台的业务逻辑顺序和使用者的权限大小。

以订单系统为例，在全局权限的后台中，我们对订单操作的业务逻辑为业务员引导—用户购买—支付—财务确认—发货—提醒业务员。

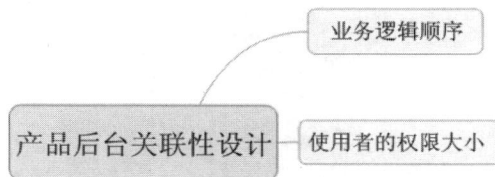

图 5.1.3

传统销售的基本流程为支付—下单—购买—发货，目前电商或 O2O 的支付方式也是由这个流程演变过来的。订单是在用户购买后，支付前出现的。用户订单的状态有未支付、已经支付。

在后台中，订单的状态已经同步，相应的订单状态为以上两种。接下来，后台需要人工审核（目前，在微信支付或银联支付的额度下，系统可以做到自动审核，但高额度产品不行）订单的支付。然后，订单走向公司内部财务流程。财务人员进行订单到账确认，在确认订单这个节点就会有关联性功能设计，这便是我们说的业务逻辑顺序要搞清楚。

财务的权限仅仅在于确认订单的工作（其余工作我们暂时不考虑），通过对比公司账务情况，手动确认，如图 5.1.4 所示。

订单号	用户名称	套餐	数量	价格	交易时间	交易方式	全部状态	操作
125656021566582	helloworld1213	个人版	-1596	-1244880.00元	2016-07-14 14:26:56		待付款	确认支付 查看
565156371566354	helloworld1213	个人版	-9096	-1523694.00元	2016-07-14 14:26:56		待付款	确认支付 查看

图 5.1.4

这里的后台是全局后台，即产品中后台权限最高的后台。但是，在实际使用中，不是每个角色都使用最高权限。在生成订单的时候，一些弱权限功能因公司业务需要给对应的财务人员使用，产品经理需要给业务人员在平台查询订单的功能入口，这就是关联性设计。

业务使用人员要能够通过目前负责的客户名单，查询自己相应负责的订单。需要说明的是，这里仅仅是**查询**！

虽然权限限制，但是在产品设计中要做到产品统一。对于相同的产品、相同的功能，虽然后台不同，但是应该保持统一，这样才能提升兼容性。

为此，我们只需要将全局后台中订单功能按权限的方式整改，去掉能够操作的入口，让业务员或弱权限人员只能进行查看操作（具体权限应该按产品业务区分）。

产品后台的关联性大概如此，通过业务逻辑顺序与权限大小使不同的前后端模块关联。

5.1.3　UGC 与社区产品案例

1．UGC 垃圾信息的一些案例

UGC（用户原创内容）能够为用户提供互动、增加用户黏度，并吸引用户以达到产品转化，但是我们绝对不可能做到完全杜绝 UGC 垃圾信息。

目前的产品有类似 QQ 空间的 UGC，也有类似微信朋友圈的 UGC，分别如图 5.1.5 和图 5.1.6 所示。

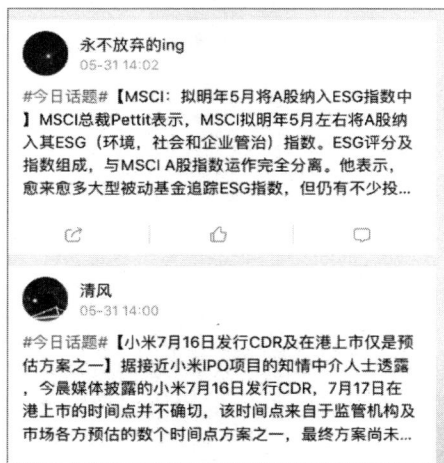

图 5.1.5

图 5.1.6

　　微信虽然是最大的社交平台，但是可以看出微信不以平台为主，反而把 UGC 的相关权益都交给用户。如果你发广告、发垃圾信息，我可以拉黑你、不看你，或者删除你，就算你要添加我，如果我不理你，你就不能发给我。微信 UGC 的机制如图 5.1.7 所示。

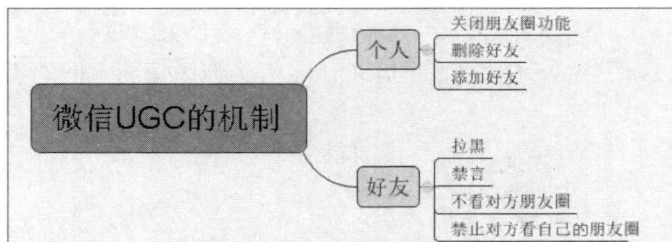

图 5.1.7

　　QQ 空间用户可以采取以下措施处理 UGC 垃圾信息：第一，用户举报；第二，如果用户举报了但是没有效果，那么用户可以不看垃圾信息；第三，与微信一样，用户可以拉黑、删除好友。

　　作为最先发起 UGC 的企业，腾讯有相关的腾讯云安全策略算法，在 UGC 过滤的第一层就有自家建立的 UGC 反垃圾系统机制，再通过对相应产品设定关键词（第二层），最后通过产品形态保证将垃圾信息数量降到最少。

　　对于其他公司来说，除了用户已经达到千万级别或者百万级别需要单独考虑 UGC 的系统外，其余的产品往往需要设计基本的反垃圾机制。

2. 设计 UGC 反垃圾机制需要考虑的要点

图 5.1.8 是 UGC 反垃圾产品设计的出发点，需要从用户发布的信息、浏览 UGC 的用户、产品本身考虑。以下是 UGC 反垃圾产品设计细化后的内容：① 用户发布信息的成本。② 产品能够为用户提供过滤内容的权限（举报、隐藏）。③ 运营监管（特指人力）。

图 5.1.8

以上 3 点需要从以下不同角度继续细化：产品经理需要设置发布门槛，用户只有达到一定级别才能发布内容；要对发布内容审核，该屏蔽的屏蔽，该举报的举报，但是还以人工审核为主，举报应该有奖励机制；需要出台相应规则入口，根据规则处罚。

继续细化后的内容：① 建立敏感词库；② 人工审核；③ 客服人工浏览内容，手动删帖；④ 用户举报投诉。

举报其实是亡羊补牢的做法，不健康信息已经发出了，再举报意义并不大。

3. 我们可以怎么做

（1）可以让用户根据颜色、字体大小、展示方式甚至自定义的文本进行屏蔽。同时，在视频右边还可以设计专门的弹幕栏，即可以把弹幕内容当作评论一条一条地看而不受其干扰。

（2）主要做广告过滤、黄赌毒、暴力恐怖、谣言排查等几种屏蔽。不同的场合屏蔽的级别不同，基于传播时效性的不同，屏蔽方式可以分为同步过滤和异步召回。

4. 机制的技术说明和其他办法

基于关键词模糊匹配技术，实时过滤垃圾消息：
（1）基于双数组字典树算法的高效模糊匹配技术。
（2）可识别并处理简体和繁体、全角和半角、火星文、同义词、特殊字符等。
（3）拥有庞大的敏感词库，同时支持用户自定义词库。

基于用户内容检测，精准识别伪装型垃圾消息：

（1）采用自然语言处理技术（NLP）对消息进行语义分析，识别消息内容。

（2）结合语义分析与局部聚类检测技术，精准识别消息中的垃圾内容和干扰项。

（3）实时机器学习，持续扩充垃圾消息语料库与识别能力。

基于用户行为检测，准确定位恶意消息发送者：

（1）用户行为智能分析，包括发送时间、频率、响应率等，构建用户行为模型。

（2）通过聚类分析与行为模式识别，无论是使用单一账号还是使用多个"马甲"账号发送垃圾消息，均可准确定位。

（3）敏感词、内容与行为识别三种检测技术协同工作，多道防线实时跟踪。

5. 关于 UGC

（1）现在的技术手段可以屏蔽暴露的色情图片、敏感词，但是因为敏感词可以替代，像微信这个词有多种谐音，也可以用其他方式表达，所以敏感词其实是屏蔽不了的。

（2）虽然前期可以采用关键词和图片检索自动化解决文字类和图片类垃圾UGC 内容，但是需要一定的运营人员定期维护。

（3）需要从源头控制，即需要注重用户群体的维护，要及时监控和处理不适合的用户。

5.1.4　优惠券产品设计

谈及优惠券，我们首先会想到使用场景是支付，通过支付可以衍生很多板块或功能。

在业务逻辑上优惠券必须出现在支付页面，系统能够"自动匹配"相应的优惠券列表，用户不需要再次点击，绞尽脑汁地去想或者去看到底哪张优惠券的性价比最高。

如果我们要做一款金融类产品的优惠券，目的是提高转化率，促进用户使用优惠券购买下单，那么需要考虑以下几点。①优惠券要分类才能匹配相应的详情或订单；②要考虑优惠券的属性，即一张优惠券的使用次数；③每张优惠券的有效期、名称、额度和使用规则；④用户领取优惠券的途径；⑤优惠券的发放方法。

产品经理需要做两项工作，一是前端的展现与业务逻辑，二是后台的逻辑规划。这需要与运营人员一同完成，优惠券的领取规则、使用规则需要运营人员提供，要针对不同的玩法完成转化。

现在优惠券已经成为一个标准化的产品形态，即优惠券已经有一套成标准的逻辑和展现形式。

1. 前端的展现与业务逻辑

以图 5.1.9 所示的滴滴打车优惠券为例，优惠券的展现形式非常简单，用户可能都没有"感觉到"优惠券被使用了。一些新用户或小白用户不需要担心如何找到优惠券的使用方法，可以直接支付。另外，也可以将优惠券以列表的形式展现，如图 5.1.10 所示。

图 5.1.9

除需要考虑优惠券的展现形式外，产品经理还需要考虑优惠券的逻辑，形成"闭环"。优惠券的逻辑为领取优惠券—使用优惠券—领取优惠券。这里需要设置一个相应的入口，对没有优惠券的用户进行引导，使之形成闭环，如图 5.1.11 所示。

这只是一方面，还需要运营人员在活动、外链接上进行引导。当然，在产品的设计上，我们需要考虑产品的闭环，使之形成良好的生态。

接下来，便是介绍优惠券的展现列表，优惠券有相当多的属性（如时间、分类、额度、条件），应该如何展现？

图 5.1.10

图 5.1.11

从图 5.1.10 和图 5.1.11 中可以看到闭环生态的重要性。优惠券的列表增加了优惠券的使用入口，引导用户使用优惠券，最终提升转化率，但要注意场景！场景至关重要，比如，一张券可能可以用于多个对象，用户点击"立即使用"后需要选择相应的场景，这增加了用户的选择，但开发的难度也大大增加。如果场景简单，比如跳转到相应的单一产品页面或单一场景页面，就可以快速进入下单页面，方便用户下单。

2．后台的逻辑规划

优惠券的前端已经做出来了，接下来要考虑如何管理后台的优惠券。

后台设计的简单思考逻辑为用户—场景—字段。

首先，要考虑优惠券管理模块的使用用户，如运营人员、使用者、白名单用户（可能为公司内部员工或老板等）。

其次，要熟悉优惠券的使用场景，即优惠券的业务逻辑，包括发放优惠券、领取优惠券、优惠券过期、优惠券使用、优惠券未使用等。

最后，要考虑不同优惠券类型的字段，包括优惠券号码、订单号码、额度、条件、优惠券分类等。

3．优惠券的匹配算法

1）下单时优惠券匹配算法

当用户下单时，产品经理肯定不希望用户花费大量时间选择并计算使用哪种优惠券最划算。用户使用优惠券时可能存在下述两种情况。

第一种情况：优惠券可分为通用券和相应产品优惠券。如果用户购买 A 产品，但有通用券和 A 产品优惠券，且额度相同，用户应该优先使用哪一个？

第二种情况：额度不同。当前的订单为 100 元，但是用户个人卡包里有 3 张优惠券，额度分别为 150 元、100 元、80 元。推荐用户使用哪一张呢？这里借鉴滴滴打车的算法，自动匹配额度最高的优惠券，但当优惠券的额度大于支付额度时弹出提醒框，让用户确认是否使用。

2）优惠券的动态与静态算法

我们收到的优惠券一般都有有效期。如果我们需要优惠券在一定条件下才能失效，就需要考虑动态优惠券。产品经理需要根据需求对前端和后台设计，需求需要运营人员提供，对于后台来说，也需要考虑新需求涉及的一些字段，还要考虑需求的优先级和开发资源分配的问题。

5.2　B 端产品案例

产品经理不仅要对前端、移动端的展现形式了如指掌，还要能够根据前端的功能、相应模块和字段分析出是否有后台管控，以及后台的管控机制。一个好的业务后台要能够为高数量用户级别的产品减少不少成本，能够对一个刚上线的产品起到助推作用。

后台产品经理应该思考以下几点。

1．确定业务逻辑

产品经理首先要分析用户的逻辑情况。以阿里云的用户下单逻辑为例，如图 5.2.1 所示。在梳理逻辑之后，我们就可以对用户相应的行为进行控制。

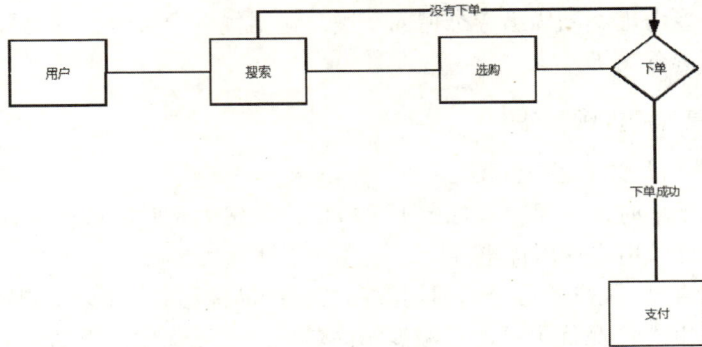

图 5.2.1

2．控制每个行为

每个企业的侧重点都不同，阿里云显然以引导用户购买云服务器进行产品设计。在上面提到的下单逻辑中，下单场景、搜索场景（即产品推荐页面）、选购场景都是很重要的。

在确定了重要的场景之后，要对相应的场景进行字段整理与权限控制。

3．字段整理与权限控制

后台设计应该注重"增""删""改""查""导"的操作，这样有利于后台数据的管理；同时，后台设计不要忽视交互，要以运营需求为准，重逻辑，轻视觉。针对数据操作与行为操作，后台要围绕下面 4 点设计。

（1）要知道你要记录的都是哪些节点行为的日志。

（2）是否要分权限查看，毕竟用户操作日志比较保密。

（3）日志记录的基本项：时间，做了什么，什么时候离开到下一个流程。

（4）让开发人员做标记。

后台的设计，尤其要注意有没有必要增加相应的白名单处理。

4．与运营时刻保持沟通

在后台设计中，尤其在 1.0 版本后，后台的整个框架往往已经做出来了。

对于后台的扩展，开发人员需要考虑开发数据结构和代码，产品经理需要把运营的需求纳入产品规划。比如，我之前负责的推荐码需要在已有的代金券和订单管理系统中增加后台模块，需要记录代金券的使用规则、使用情况等。

产品经理要时刻保持与运营方的衔接，确定当下的推荐码功能可以为以后的某一个版本进行铺垫，以便在后台拓展。

5.2.1　客服系统产品设计

说到客服系统，相信每个人的第一反应都是亲切的客服声音。客服系统所面临的用户，即我们说的 C 端用户。在日常生活中，我们购物或互联网的方方面面都存在客服系统。例如，淘宝购物系统的客服、去哪儿网的人工客服、美团的人工客服、10086 的呼叫中心。

客服是企业提供服务的重要一环，存在于产品的售前、使用中、售后。客服系统明显属于一款后端产品。客服系统分为人工客服和机器客服，如图 5.2.2 所示。

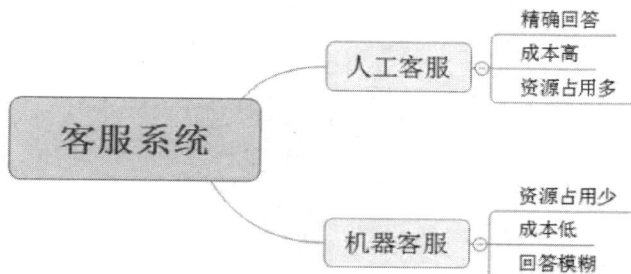

图 5.2.2

客服系统绝对不是为了让人工成本变为 0，而是要更高效、成本更低地解决企业需要提供的客服服务，既能够让用户获得更好的体验（如解决时间快、问题解决彻底），又能够让企业知道其产品的缺点和优点。

客服系统的标准模块是指在客服系统系列产品中都会存在的功能或模块，是企业客服必有的需求。当然，客服系统需要强烈依靠于公司业务体系，业务不同，客服的 IM 也会不同。例如，美团和分答的客服中心分别如图 5.2.3 和图 5.2.4 所示。

当前客服系统中存在的模块如图 5.2.5 所示，下面围绕这 4 个模块分析如何落地客服系统。

1．知识库的建立

在其他类似的客服系统中，知识库可能也称为 FAQ 库或问题集合库。这里的知识库按内容和 FAQ 分类，如图 5.2.6 所示。产品或活动中需要的一些产品介绍文案或活动文案在这里称为内容。

图 5.2.3

图 5.2.4

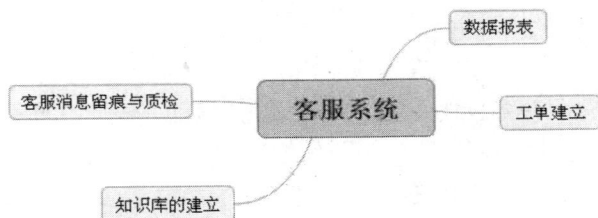

图 5.2.5

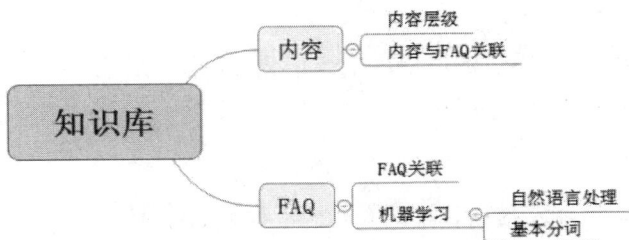

图 5.2.6

　　我们需要以报表的形式统计当前人工创建的问题。我们需要注意的是上述问题的答案有两面性：对客服同事的问题答案描述、对用户的问题答案描述。关于

FAQ 的整理，一定要对问题归类，在客服系统中用户问的问题可能非常多，但是问题的类型可以分为咨询问题、使用问题、售后问题等。

当出现新的功能后，我们要新建相关的 FAQ，针对新功能的功能点作出问题分类，当问题分类严重倾斜，集中在某一分类时，可能是产品设计或 UI 设计的问题，这些问题方便产品经理后期迭代。

FAQ 的关联建立如图 5.2.7 所示。

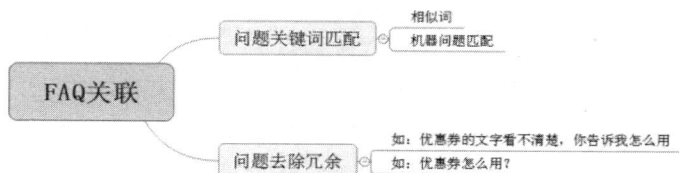

图 5.2.7

对于 FAQ 的关联，我们需要建立基于产品业务的一些关键词，这些关键词有助于在机器回答中自动回复。

另外，在建立问题库的同时，需要注意将问题匹配，如图 5.2.7 所示的优惠券怎么用？这样方便相似问题匹配。

机器人可以通过分词或自然语言处理，将相似问题的答案返回给用户，但现在大多数的客服系统还以关键词（即分词的方式）匹配问题，而采用自然语言处理的客服系统相对较少。

要基于日常积累采集相似词库，在系统建立后，可以把用户常用的相关词语与标准词匹配。

例如，Kevin 是产品体系的标准词，但客户或用户通过输入法打出的是凯文，可以作为相似词匹配，如图 5.2.8 所示。

			搜索已有的相似词	添加新相似词
标准词	相似词	最近更新人	最近更新时间	操作
Kevin	凯文	王二	2017/9/23	编辑 删除

图 5.2.8

2．客服消息留痕与质检

除了提高企业的客服效率之外，客服系统最重要的一项功能便是可以将客服的消息留痕，对于政府监管或者企业自查，这都是很重要的。

尤其对于金融行业来说，客服消息留痕不仅是企业自身自查的需要，也是证监会对企业抽查的需要。一旦不合规或随机质检出现问题，企业就可能倒闭。

要建立一个质检列表，质检列表以会话为对象，包括会话开始时间、用户名、咨询分类、接待客服、状态、满意度、报警次数、会话时长、质检状态等相关属性，如图 5.2.9 所示。

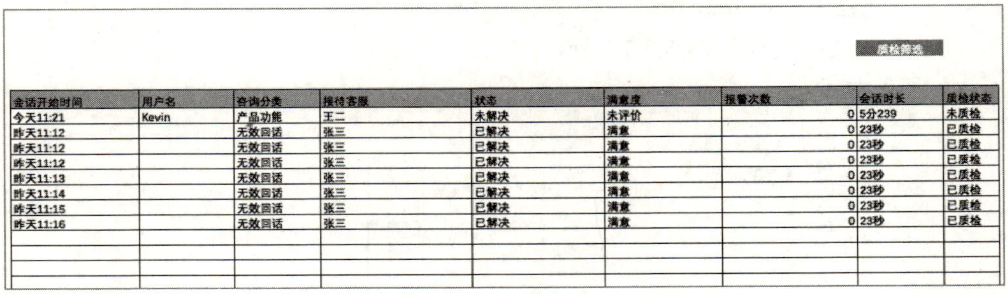

会话开始时间	用户名	咨询分类	接待客服	状态	满意度	报警次数	会话时长	质检状态
								质检筛选
今天11:21	Kevin	产品功能	王二	未解决	未评价	0	5分239	未质检
昨天11:12		无效回话	张三	已解决	满意	0	23秒	已质检
昨天11:12		无效回话	张三	已解决	满意	0	23秒	已质检
昨天11:13		无效回话	张三	已解决	满意	0	23秒	已质检
昨天11:14		无效回话	张三	已解决	满意	0	23秒	已质检
昨天11:15		无效回话	张三	已解决	满意	0	23秒	已质检
昨天11:16		无效回话	张三	已解决	满意	0	23秒	已质检

图 5.2.9

在这个产品设计中，点击相应的会话，可以弹出该会话的详情，如聊天记录、用户信息，超级管理员可以根据聊天记录对质检评分。在这套客服系统中，可以设置一些紧急项，质检人员可以写评语，以便下级客服知道评分的原因和理由。质检详情如图 5.2.10 所示。

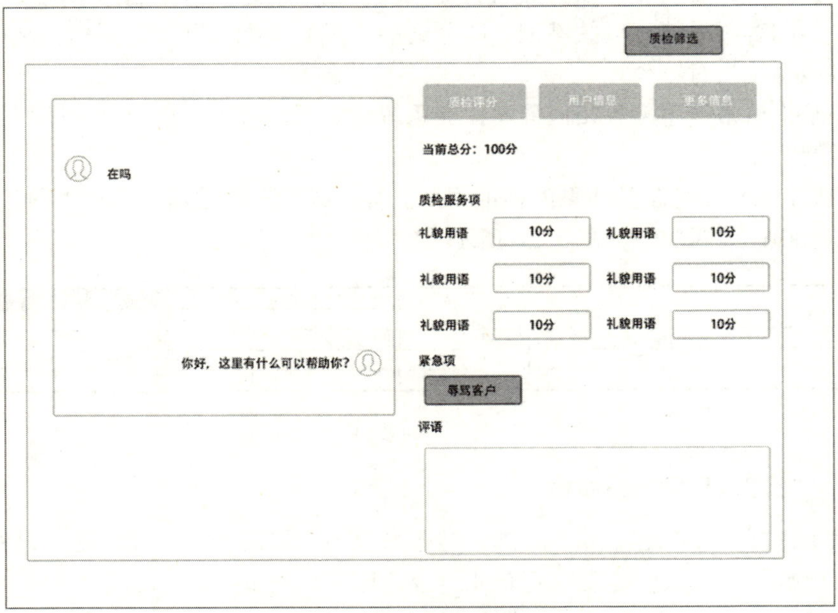

图 5.2.10

3．工单建立

除以上模块外，客服系统最重要的便是反馈问题，从产品上可以反馈产品的功能、使用问题或一些 Bug，从业务上可以反馈产品业务是否能够被用户接受。

作为与用户接触的第一线，客服往往需要处理或收集来自公司业务或产品的各种问题。客服部门不能处理的问题需要相应的技术部门或其他部门共同解决。

工单模块，即这里的工单中心，按工单的状态分为我提交的工单、我受理的工单、完结工单、回复过的工单、未受理过的工单等，如图 5.2.11 所示。

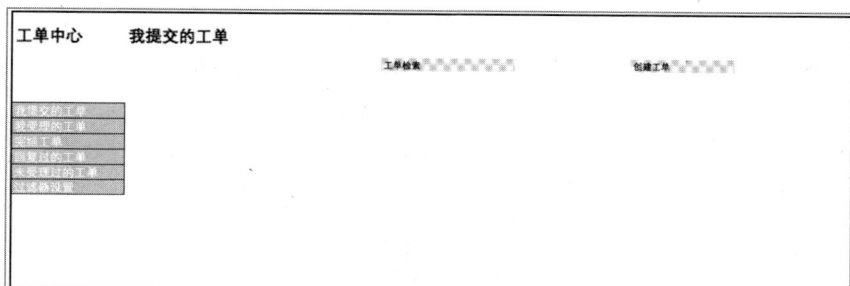

图 5.2.11

工单也是以列表的形式展现的。工单客服可以围绕上面的字段创建工单，需要填写相应的字段内容，工单填写得越完整，下一层处理问题的部门将会越清楚，如图 5.2.12 所示。如何方便客服人员描述工单和对工单的指派是工单中心设计的难点。

图 5.2.12

工单的搜索（如图 5.2.13 所示）并不像我们日常中搜索会话消息，工单所处的状态有很多种，以工单的状态搜索工单会大大提高工单的查找效率。

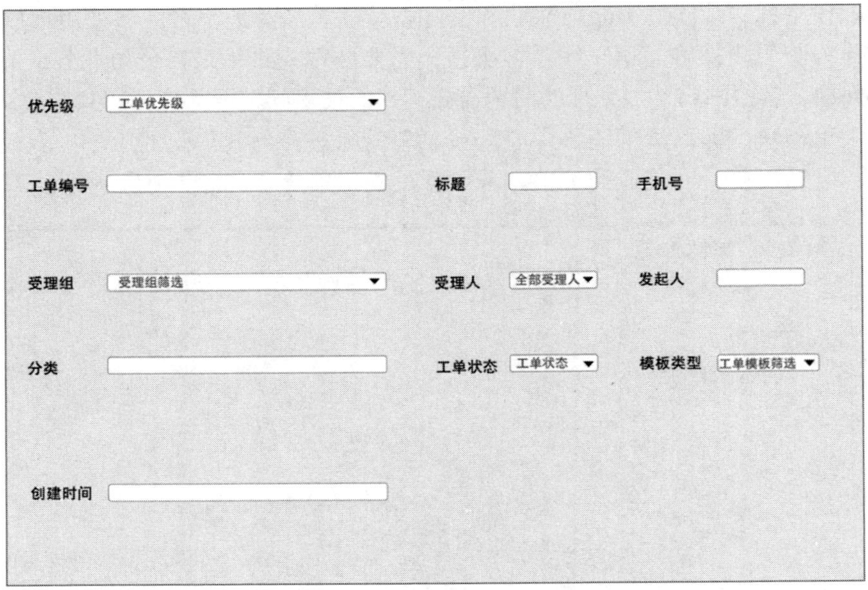

图 5.2.13

以上的搜索字段可以根据自身客服业务选取或增加，如果你的客服人员没有分组，那么"受理组"这一选项字段就不用存在。客服系统是为公司客服体系服务的，要时刻随公司业务调整。

需要注意的是，每个工单都有优先级，这里的优先级可以理解为需求的优先级。对于客服人员来说，优先级的判别一定基于公司产品的业务，如购物平台为金钱丢失>差评。工单的解决一定要有权重，要保证资源的合理安排，优先解决紧急的问题。

4．数据报表

如果以上模块是提升客服效率，保证公司服务品质的直接功能模块，那么数据报表便是客服系统的整体检测结果，管理者从数据中可以看出用户当前的问题量与客服的问题处理量，可以及时知道当前公司的产品情况和业务情况。

需要注意的是，不同于日常的数据分享平台（如友盟等），客服的数据以 24h 进行区分。

数据报表（如图 5.2.14 所示）的复杂程度由接入的渠道数量决定，有的可能只接入 App，有的可能只接入 Web 或微信。通过数据报表，不仅可以了解到当前数据的集合情况，也可以了解到每个客服的数据情况，有助于很快定位客服人员的工作情况，帮助企业定位 KPI。另外，我们可以从用户的渠道和回复的对象进行数据筛选，由此清洗其他数据带来的干扰，可以从其他维度做一些详细的数据记录（如图 5.2.15 所示）。

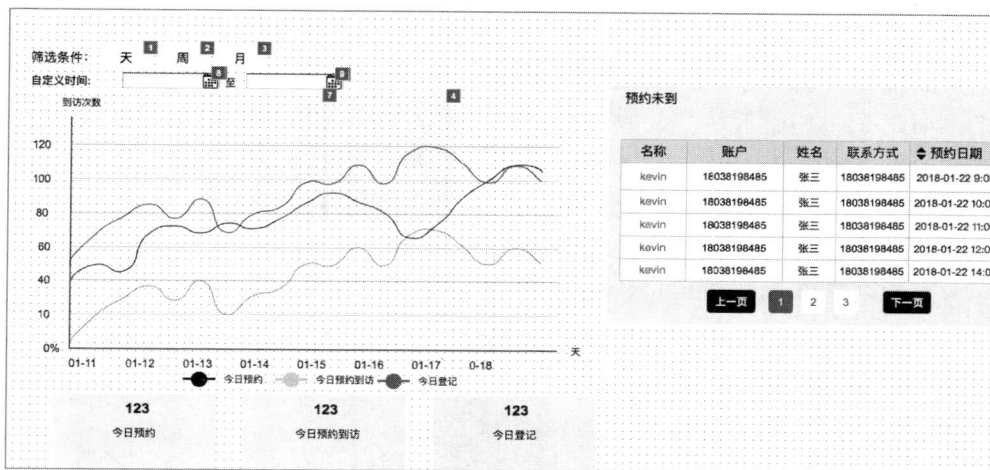

图 5.2.14

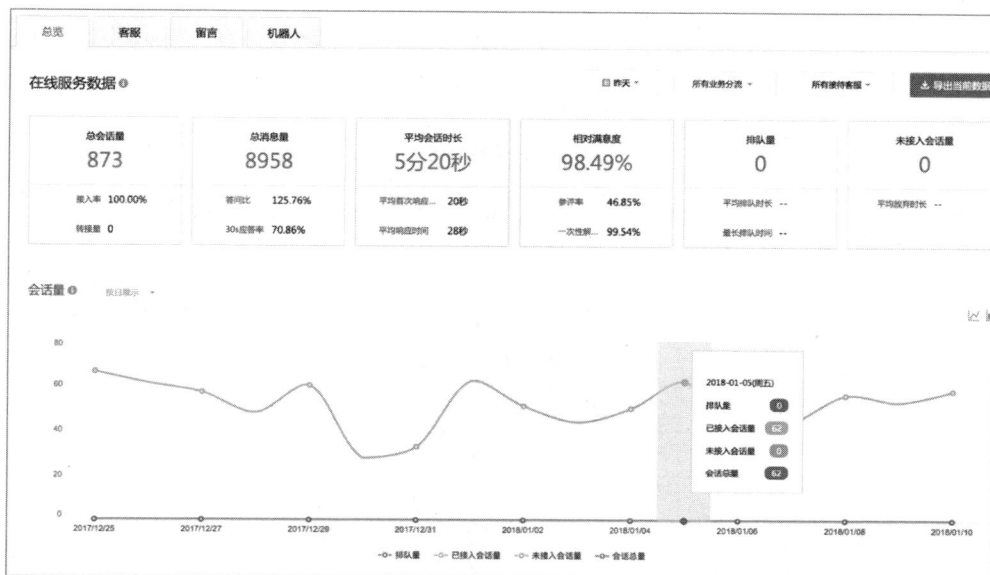

图 5.2.15

在图 5.2.15 中，客服人员在系统中可以对客服、留言、机器人、工单数据、订单绩效进行筛选。订单绩效为该订单服务后直接生成相应的企业效益，需要与 CRM 系统打通。

5.2.2　开放平台

开放平台是在国外开始掀起的，Facebook 首先推出围绕自身数据和服务提供的开放接口（API），然后国内 BAT 等拥有大量数据服务的平台看到了互联网潮流的方向，纷纷推出开放平台，增加了自身用户数据交换的量级。与 C 端产品设计不同的是，开放平台围绕的是平台、平台服务商、用户之间的关系。

平台产品是 B 端产品，需要与公司业务方向紧紧相连，其商业模式需要围绕平台生态链、平台服务对象，以及之后的平台运营。

虽然以 BAT 为首的开放平台都是提供 API 接口的产品，但在产品设计过程中需要考虑开发者用户的实用性，开放平台并不只提供 API，也可以支持某种服务或应用。

1．开放平台的产品体系

开放平台的产品经理需要有调研用户需求和分析竞品的习惯，但是开放平台的产品设计是很少有竞品调研对比的。开放平台通常有以下 3 种产品生态：常规开放平台、开放平台运营管理系统、用户使用平台。常规开放平台可以链接相应的 API，并选择相应平台提供的应用服务。开放平台运营管理系统需要建立平台反馈机制和数据收集，收集用户的需求进行更新完善，利于运营人员运营。对于开放平台运营，这里不得不说它的特殊化运营。开放平台的运营既要保持平台的收益，又要保持使用开放平台用户的收益。

在开放平台设计中，除了应用服务之外，开放平台的接口需要产品经理与开发人员一起定义。以下是产品经理需要注意的几个接口关键字段。

（1）接口地址。接口地址是指请求的网址。

（2）请求方法。请求方法一般采用的是 HTTP 协议的 POST 和 GET 请求。

（3）请求参数。请求参数是指传过去的是什么内容。

（4）返回内容。在传参数过去之后得到返回内容，返回内容的格式一般为 JSON 或 XML 格式

（5）错误代码。错误代码也是返回内容的一部分，当接口发生一些意外情况时，错误代码会告诉你原因。

在开放平台中，需要针对当前接口的正常状态、错误状态进行说明，或者提

供给用户相关的帮助文档。

2．基于微信的开放平台

开放平台给开发者或 B 端用户提供一项基本服务，如果你做了一个酒店订购的应用服务，但是没有酒店数据，即使 UI 和 UE 以及商业模式再好，也没用户使用。

常见的面向 C 端用户最多的开放平台基本服务是基于微信公众号的基本服务。对于微信公众号的开放平台，我们可以直接使用微信公众号平台提供的接口，如图 5.2.16 所示。

项目	功能	接口	每日实时调用量/上线（次）	接口状态	操作
对话服务	基础支持	获取access-token	0/2000	已获得	
		获取微信服务器IP地址		已获得	
	接收消息	验证消息真实性	无上限	已获得	
		接受普通消息	无上限	已获得	
		接受事件推送	无上限	已获得	
		接受语音识别效果（已关闭）		已获得	
	发送消息	自动回复	无上限	已获得	
		客服接口		已获得	开启
		群发接口		未获得？	
		模板消息（业务通知）		未获得？	
		一次性订阅消息		未获得？	
	用户管理	用户分组管理		未获得？	
		设置用户备注名		未获得？	
		获取用户名基本信息		未获得？	
		获取用户列表		未获得？	
		获取用户地理位置（已关闭）		未获得？	

图 5.2.16

账户体系不同，平台给公众号的接口权限是不同的。除了产品与业务本身之外，开放平台的账户体系与权限的产品设计需要与运营一起考虑。

常用的开放平台计费模式为按流量计费、按调用次数或使用服务数量计费。

除此之外，开放平台的消息通知也需要面面俱到。要能够让开放平台使用者随时知道接口的变化和平台服务的变化。图 5.2.17 所示为微博平台之前的平台 API 变更通知。

具体方案如下：

1. 微博发布接口不变，即为原参数，可直接发布超过140字 的文字，超过140字、小于2000字，不再报错；

2. Feed流接口中超过140字的微博，正文维持原展示方式（会截断），会增加新的返回标识，以标识此条微博是否有超过140字的额外文本；

3. 取单条微博接口（statuses/show），会在新字段中返回全部完整的正文，即超过140字的会返回整段的文字。原text字段依然为140字内容。（注 2月28日后支持，只有stautses/show，statuses/show_batch，其他微博接口，依然只返回 140字）

图 5.2.17

5.2.3 账户体系

注册、登录存在于每个产品中，账户是用户访问、使用的入口。一个安全的账户体系是业务、公司资源、产品阶段交集后的产物。

注册与登录由两个不同的流程组成，但其核心都是账户的设计方式，账户设计方式不同导致注册和登录不同。虽然设计方式不同，但其组成单元是相同的，如图 5.2.18 所示。

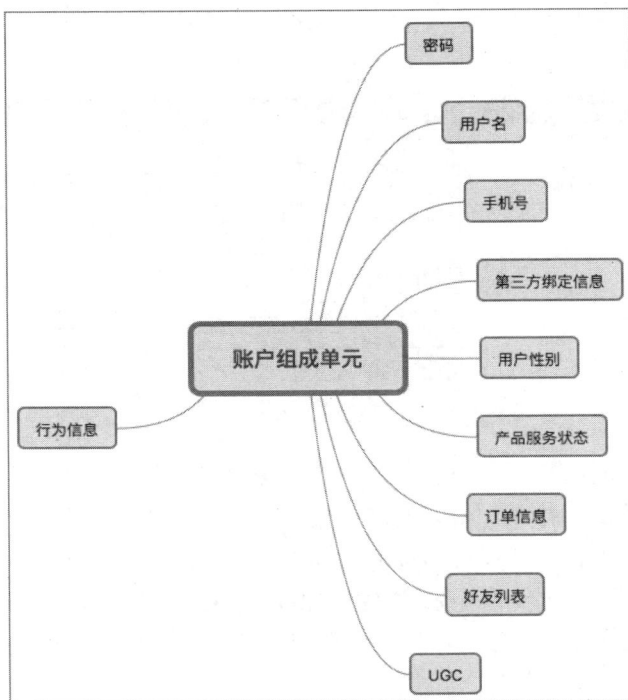

图 5.2.18

在产品搭建时，账户的组成是整个产品的框架，毫不夸张地说，账户体系的扩展性是产品的关键。除了基本的用户名、密码、手机号外，一个好的账户设计需要结合算法、产品中的功能模块、产品服务综合表达用户的所有信息。但是在工作中，很难面面俱到。

搭建账户体系需要从最简单的账户基本要素出发。

1. 手机号+验证码注册

用手机号+验证码注册账户如图 5.2.19 所示，优点和缺点如下。

（1）优点：注册流程短、产品设计落地快、验证安全、账户真实。

（2）缺点：更换手机号后账户可能丢失、账户安全性低、产品关联性弱、流量接入弱、社交关系建立弱。

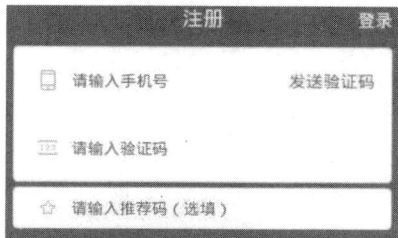

图 5.2.19

建议落地场景：产品从 0 到 1 初期、用户基数少、产品内容搭建期、产品业务账户要求低（例如，金融产品的账户就不能使用）。

2．手机号+密码注册

如图 5.2.20 所示，用手机号+密码注册是最基本的账户注册设计，如果产品是基于移动端发展起来的，那么用手机号+密码注册是最快速的注册方式。

图 5.2.20

账户的扩展问题是最需要考虑的。对于需要支持新产品的账户，我们不能将老账户登录新产品的权利去掉。针对账户"可长可短"的扩展性，我们需要做好一个长期规划。

手机号+密码注册的优点和缺点如下。

（1）优点：账户可以更换、可以帮助用户申诉或找回账户、不用依赖于手机、当验证码无法接收时照常可以登录、减少成本。

（2）缺点：引流效果差、账户信息少、密码可能需要设置不同强度才可通过。

3. 手机号+密码+基本信息注册

这种方式（如图 5.2.21 所示）是比较少的账户设计方式，尤其在移动端产品上。产品经理希望得到用户更多的信息，以便自己做更好的营销，不得不说这种方式可以让我们更好地理解新用户。

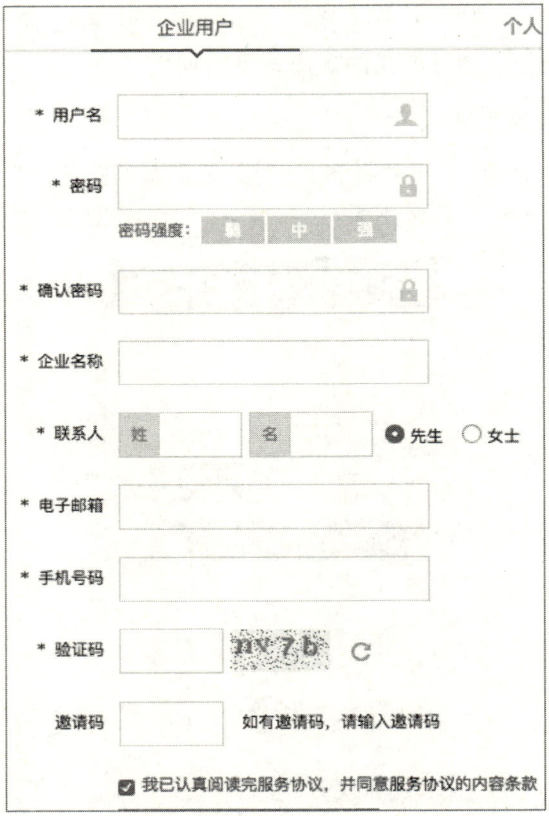

图 5.2.21

这种方式的优点和缺点如下。

（1）优点：用户信息全、方便产品业务或社交关系推荐、用户归属感强、利于申诉、成本低。

（2）缺点：流程长、用户体验差、用户抵触心理强、可能产生多余的信息。

4．用户名+密码注册

这种方式目前基本看不到了，用户名+密码的方式需要用户既要记住用户名，又要记住密码。在申诉的流程中，让用户选择记忆用户名也是一种不可"预期"的结果。如果用户忘了用户名，那么怎么申诉？

这种方式的优点和缺点如下。

（1）优点：用户不用担心更换手机号码、用户对账户的信任感强。

（2）缺点：账户可能重复、账户丢失后无法找回、第三方应用关联弱、用户联系弱。

5．手机号+第三方应用+密码注册

这种方式在第三方产品之外也是常见的，尤其在流量瓜分的时代，一个从 0 到 1 的产品特别希望能够将用户从 BAT 引入自身的产品中，减少注册门槛可以让用户更快体验产品。这种方式已经成为当前主流的方式。注册和登录页面分别如图 5.2.22 和图 5.2.23 所示。

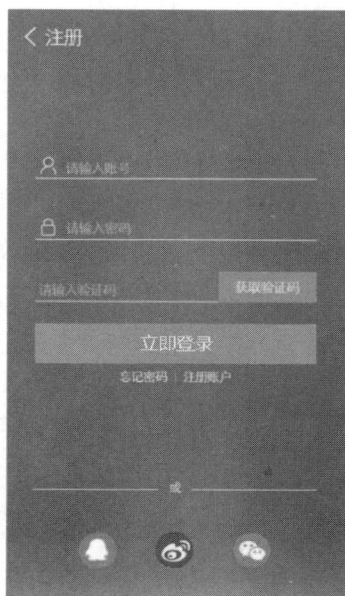

图 5.2.22

图 5.2.23

这种方式的优点和缺点如下。

（1）优点：流量引入快、账户申诉方便、账户不怕更换、安全性高、用户体验好、用户信息度高。

（2）缺点：用户可能有多个账户、一旦更换第三方应用无法找回账户、用户隐私可能被第三方应用调用、无法对用户提供更多有利的价值。

很多产品经理在做从 0 到 1 的产品时希望产品快速上线，账户设计越简单越好。但是到申诉、产品业务需要账户支持的时候，账户却没办法支持。所以，如果你正在考虑账户搭建，我建议不管多难，都要根据公司当前业务的发展方向建立起完整的账户体系。

5.2.4 社区产品类案例

社区，或许是用户与产品的桥梁。无论是产品中的社区模块，还是纯粹的社区产品，无论在金融行业、教育行业，还是在医疗行业，社区产品的设计标准都相同。

产品中的社区模块或纯粹的社区产品，应该寄托于社区，能够将公司的业务驾驭其中，让用户能够在社区中获得所需要的内容和服务。

当需要将社区变现的时候，我们可以将流量导入第三方产品或引入第三方的产品和资源，将社区的内容变得丰富多样，使用户消费的产品类型也变得多种多样。

1. 社区产品从 0 到 1 冷启动

1）确定内容

社区产品归根到底是内容性产品，社区产品会有内容的"品位"，用户人群的内容消费目的不同。为什么说社区产品是标准产品呢？有可能某个功能你没有做或没有考虑布局，用户就会反馈说："这个社区没有××功能，体验真不好。"

社区产品涵盖的内容如图 5.2.24 所示。

冷启动期间属于内容填充的时间段。例如，产品经理设计出了房子，运营人员就要往房子里搬东西了。在搬东西、评审之前，产品经理应该清楚自己的产品所在的行业或业务，清楚其用户群体的画像和用户群体的核心共同点是什么。以 PMTalk 产品经理社区为例，我们要清楚用户人群如图 5.2.25 所示。我们知道该人群需要的内容如图 5.2.26 所示。

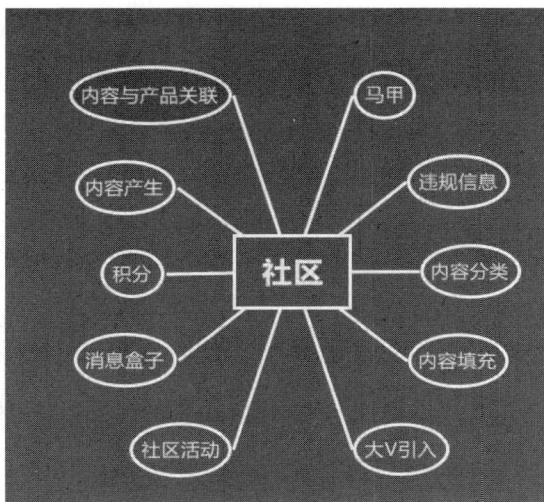

图 5.2.24

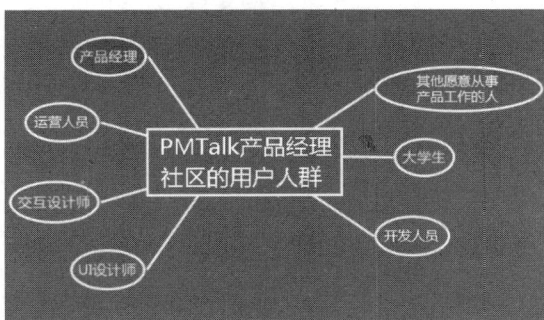

图 5.2.25

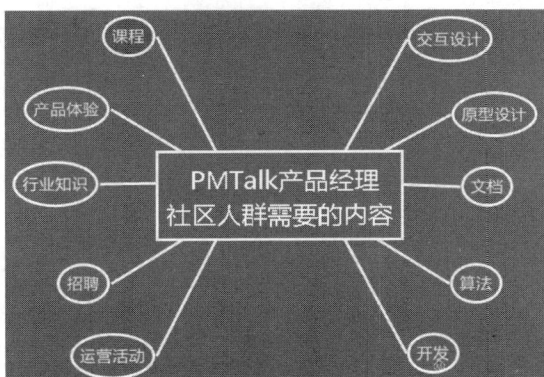

图 5.2.26

2）产品的"品位"

在社区类产品设计中，除了内容需要定位外，产品经理需要根据内容、用户人群调研行业中的竞品社区，基于当前的公司资源、业务给用户打造一个新的社区。

以知乎、掘金、CSDN 为例。这 3 个社区诞生之初的用户都是基于互联网技术的用户。但是在社区的交互、功能布局、UI 风格上，这 3 个社区的"品位"却各不相同，这也是社区设计的一个核心痛点。

在设计产品时，产品经理需要考虑以下两点：①当用户在竞品社区阅读或查找到一篇与自己社区相同的内容时，如何给用户一种新的体验或使用方式；②每一家公司的资源、业务都不完全相同，如何通过公司自身的商业模式设计一种独特的产品。

3）内容填充与种子用户

对内容型产品来说，其核心是内容的运营和生产，最终的目标是让用户自主产生内容，这里的内容不是随便产生的，而是能够产生内容运营人员或产品经理在产品设计之初希望产生的内容，希望内容价值能够越来越高、越来越有深度。

内容社区冷启动的目的是让社区在进入用户手中后可以逐渐生成内容，最终使社区的内容产生量足够支撑社区运行。要支撑社区的正常运营，需要考虑图 5.2.27 所示的几点。

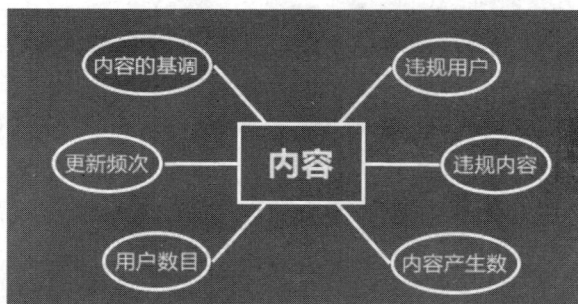

图 5.2.27

如果要让社区正常运营，那么需要做到内容运营人员就算一天不搬运内容也能够有符合社区要求的足够内容产生。这是一种极限情况，虽然理论上可行，但实际上是不可能的，运营人员无论如何都会在社区工作中完成自己的内容工作。在内容填充中，冷启动期间还伴随着对社区产品定位的验证性考虑，所以运营人员需要将内容分类建立，以满足不同用户（当前社区目标群体）的需求，最终由数据与内容的采集效果查看其社区的内容是否符合产品设计之初的运营模式。

社区产品常用的内容分类为话题、专题、类型等，即将不同的内容分类，保证用户能够找到自己需要的内容。将相应的内容与用户捆绑在一起，也方便以后建立推荐算法。

除了内容填充以外，社区产品上线前的另外一项准备工作便是种子用户的引入。如果是从 0 到 1 的社区，这一点是除了内容填充以外，最需要花时间去做的"杂事"。社区产品诞生的标准流程为粉丝—社群—社区。

除了前面说的填充内容以外，种子用户应当做的工作如图 5.2.28 所示。

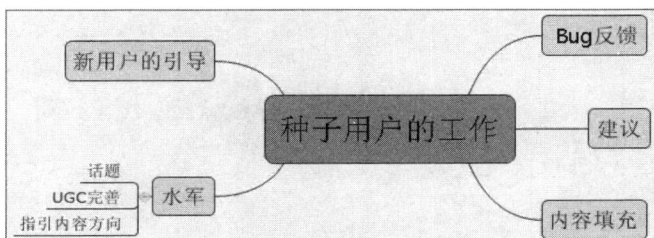

图 5.2.28

4）快速迭代，产品能够支撑运营

社区产品在引入种子用户或者灰度发布期间，产品经理或运营人员都会做一个建议模块，首先为了发现现在产品的不足，其次快速验证产品设计的方向与思路是否正确。

这是社区产品冷启动最重要的一环，当建议收集后，就明确了产品的相关优化项，产品经理应该马上建立需求评审，着手开发。除了对相应的建议回应外，社区的迭代需要尽快满足当前种子用户提出的优化项，并落地运营人员提出的相应工具产品。

如果种子用户的邀请达到 100 个，但 7 天的留存只有 10 个，这一批种子用户就已经没办法发挥作用了。

因此，社区产品的产品经理一定要先把社区的模块漏洞或运营需求满足，再开始灰度发布。

虽然种子用户是用来试错的，但是如果在种子用户前引入分享机制，就能尽可能地将产品打磨出来，加快社区产品的传播。

5）主流量的接入与信息过滤

产品经理在设计社区产品时，要考虑当前的流量引入入口是否通畅。

试想在产品从 0 到 1 期间，在引入种子用户后没有办法引入外界流量是一件多么可怕的事情。社区模块在从 0 到 1 期间，产品经理一定要梳理与当前业务接触最多的主流量入口。常见的主流量入口有微信、QQ、微博、QQ 空间。但根据业务方向，产品经理还可以考虑分享到第三方专业平台。例如，金融行业可以分享到其行业的 TOP 社交平台，这也是为了引入符合目标的用户。

至于信息过滤，在社区产品冷启动期间，最重要的是提供符合社区"品位"的高质量内容，广告、违规信息、质量过低的内容都应该被淘汰。

基于这个目的，常见的信息过滤机制为用户等级、邀请码、关键字过滤、条件限制，如图 5.2.29 所示。

图 5.2.29

一般只有几条机制复合使用，才能达到内容过滤或筛选的要求。很多社区（包括国内一线的 TOP 社区）其实都没有办法完全过滤相应的低质量内容，毕竟用户永远是最聪明的。

2．社区产品的前途与未来

社区的内容其实由用户产出，为了保证整个社区的活跃，内容运营人员、产品经理需要不停地为用户打造更多用户需要的主题和用户产出内容中需要的功能模块，要以用户为基础。

1）PC 和 Web 端社区——腾云阁

社区的孵化有助于提升产品的品牌，一个社区的沉淀，除了以内容运营为主外，产品的设计应该围绕整个社区的定位。

腾讯云是专注于云服务器的提供商，腾讯云产品以及服务器的技术知识是围绕产品产生的，腾讯云产品因垂直程度较高，需要较多的技术文档进行产品支撑。

腾讯云的社区腾云阁定位为围绕腾讯云产品系列的技术图文、视频分享的社区。

腾云阁的产品设计如图 5.2.30 所示。在大体框架中，以文章标题排序，作为社区的内容展示区，这里的 UGC 便是文章或用户上传的视频资料。

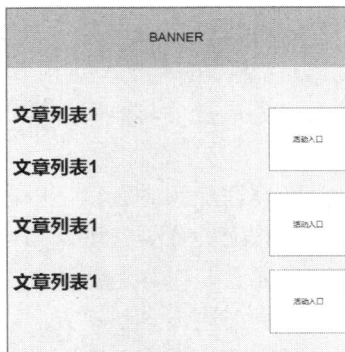

图 5.2.30

以内容为主的社区，因产品的定位不同，开放给用户的通道也不同。腾云阁给用户提供的更多的是浏览、学习、交流为辅的板块，产品寄托于官网，流量的引入非常快捷。

在产品设计中因内容展示页面过多，产品经理需要考虑如何有效地给用户展示不同的内容，所以标签或个性算法尤为重要。

标签：即分类，指对产品内容社区的分类，可按热门程度、内容类型分类。

个性算法：以阅读量、点赞等常见交互行为为数据统计依据，算法的真实性能够达到"给你的，即你想的"。

2）PC 和 Web 端社区——锤子论坛

腾云阁代表目前产品设计中的一种方式，而锤子社区（如图 5.2.31 所示）则代表社区产品的另外一种方式——用户互动。

图 5.2.31

锤子社区以内容运营引导，着重打造用户互动的效果，和腾云阁社区相同，为锤子的品牌与产品进行宣传，以用户的互动产生内容来提高品牌价值与业务量。产品是给用户用的，用户的发言是最打动其他用户的。锤子社区定位为以用户对产品的互动为主。

不同产品的入口都被产品经理添加到导航栏，以便用户对号入座。这样的好处是给用户打上标签，用户进入相应的分类就进入相应的用户互动内容区。说得直白一点，这样，社区的管理者尤其是内容运营商更方便精细化管理，相应的产品问题和产品活动可以最快、最直接地传导到相应人群。

与腾云阁不同的是，锤子社区的社区核心页面并不是以长文或图文的方式展示内容的。在设计锤子社区中，需要考虑展示用户的评论与言论，而展示用户的评论与言论需要相应的规则。将用户的言论进行标准化展示，有助于产品的友好与亲和。在现在的社区设计中，相应的标准很成熟，产品经理除了考虑过滤垃圾信息以外，如何更快地放大用户的互动是产品设计的核心。

用户的交互数据为评论、阅读。因产品的定位不同，产品的交互数据也会有偏差，锤子社区的评论数目是用户交互的核心，但值得注意的是，不同的交互数据所采用的算法指标是不同的。PU、UV 与评论数目是否需要采用算法进行辅助以增加社区的活跃也需要产品经理在打造社区中根据社区的当前阶段进行处理。V1.0 和 V3.0 社区的相应数据指标也应该有变化。

3）移动端社区——知乎

知乎作为垂直内容社区，是结合文章、用户互动分享的一个社区，其产品定位为知识内容分享。知乎的移动端是一种最常见的社区，其社区具有开放性，允许用户与非好友用户进行互动，是该社区的一大特点。

用户互动体现在内容分享上，这是知乎经过时间累积所沉淀下来的。社区最重要的是用户或内容，要么你的用户足够多，要么你的内容足够精，可以保证用户的各种需求。

知乎的移动端产品和锤子科技论坛相似，以统一的标准进行展现。知乎在移动端中增加相应的个人管理、热门事件、市场等，围绕知识社区所产生的业务，打造相应的产品端。

社区需要时间孵化，要想将社区做好，除了以上的产品设计外，其实最简单的还是要把重心放在种子用户孵化，让用户学会传播，这是社区的本质。

4）移动端社区——东方财富

东方财富典型的 UGC 是"股吧"，该模块属于垂直内容社区，不同于以上社区相关的开发性话题，"股吧"有行业与产品业务的特殊性质，用户以相应的高成本知识进行互动，在"股吧"中你至少要能够理解什么是炒股，对金融有一些了解才能畅快地与用户互动。

图 5.2.32 所示为"股吧"在移动端中的相应展现形式，用户的交互行为为点赞、评论、分享，因"股吧"所在模块为"金融行情"模块，所以产品经理需要考虑的核心是如何根据当前的布局进行合理的设计。

图 5.2.32

对于整体社区产品，我归纳了 4 个产品设计方法，按重要级排序为社区定位>内容形态标准>基本交互数据>算法。

5.2.5　预约系统案例

这个案例主要剖析预约系统所包含的模块与业务场景，介绍从 0 到 1 搭建预约系统。我们在生活中都使用过这类系统，如电影票购买、手机预定、汽车预售等。无处不在的预约系统可能因为产品不同，所以名称不同，但是它仍然属于 B 端系统。

预约系统把线上用户与线下场景连接起来。预约系统诞生的机制在于传统服务的信息化、智能化，现在越来越多的智能设备都支持数据存储、Wi-Fi 等功能，企业也希望可以更深入地触及用户的线上行为、聊天记录、消费等数据。在这个背景下，预约系统成了很多企业的需求。预约系统具有以下优点：

第一，提升自身资源利用率。企业使用传统非信息化的管理方式并不能知道当前门店的人力资源利用、物品资源利用、时间管理是否合理。

第二，继续挖掘用户的潜力。根据用户需要的服务和与当前产品的关联，预约系统的产品经理需要设计好使用场景。比如，用户通过线上的预约去使用线下的一些场景，例如医院的挂号系统、婚姻登记网上预约系统。只有有了场景，才能谈如何设计预约系统。另外，预约系统也可以作为线上服务的预约，我们常见的门票预定、物品预定、手机预购买，都是用预约系统做的信息化管理。

在设计预约系统时，我们需要注意以下两点。

1. 需求调研与产品设计

需求调研围绕线上用户预约线下服务的流程展开。预约系统的基本业务是获取用户预约的列表、预约的服务，设计预约导致的资源占用后的系统解决方案。

用户的信息字段在预约系统中有时间、产品服务、用户的个人信息、消费记录、聊天记录。

我之前从 0 到 1 搭建了预约系统，预约系统面向的最终使用用户是 C 端用户。在刚开始搭建预约系统时，我们将所有的产品服务遍历出来即可。后期我们可以用转化数据、UV、PV、预约人数、资源占用来判断如何迭代优化。

在收到用户的预约信息记录之后，业务端如何使用或操作该信息呢？是相应的客服人员马上进行操作，还是销售人员直接拜访？产品人员在把有效的预约信息通过系统整合在一起前，一定要考虑业务的流转，以保证系统工作流程正式开始。

以今日头条为例，在收到用户投诉信息之后，对相应的触发字段马上就有内容板块的客服回应，但在实际测试后发现今日头条的客服工作量仍然很大。虽然对于以自媒体内容为主的平台来说，并不是每个 C 端用户都有找客服的需求，但是客服对于解决 B 端问题的效率还有待提升。在如图 5.2.33 所示的客服咨询中，用户没有很快找到人工服务的入口。

如果业务端的流程在预约系统中存在连接客服系统的场景，那么当用户信息通过预约系统进入运营管理中心时，运营中心会首先清洗用户信息的数据，然后分配给提供对应服务的部门。预约系统也包含时间段排班（比如，工作人员会有上下班时间和周末休息时间）。

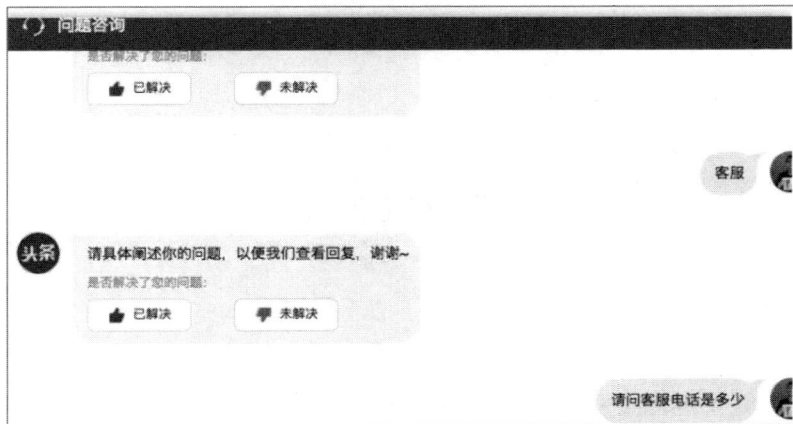

图 5.2.33

预约系统还需要进行数据展示。比如，如何整理每天的数据？怎么让不同的人员查看与他们相关的数据？

通过需求调研，企业使用预约系统中的报表可以获取业务人员最需要的指标转化字段等，另外报表中也需要做到可以对不符合预期、异常的数据指标做好状态反馈，如给予提醒、消息警告等。

我归纳了 B 端系统数据报表设计上的 4 个小技巧：

（1）数据直观。

（2）不遗漏异常数据。

（3）凸显重要指标的数据。

（4）周期可以按 7 天为维度细化到每天 24h、在当天内以 24h 为维度细化到分钟。

考虑到以上 4 点后，预约系统可以保证报表数据的有效性和可读性。

在预约系统中，存在未到用户和已到用户两个概念。未到用户在当天没有到达，我们常采用系统提醒或运营人员人工提醒的方式提高预约到达率，避免造成预约的服务资源浪费。尽管用户没有到达，但是预约系统还是会按预约人数给予服务。图 5.2.34 为电影院的购票预约。用户通过购买某一场次的电影票将某电影锁场，导致电影院无法下架该电影，不管电影多冷门，电影票都不可以退。虽然电影院避免了资源被浪费，但是用户的体验却很差。

在预约系统中，避免线上预约的异常操作导致线下资源或服务被占用也是设计难点。

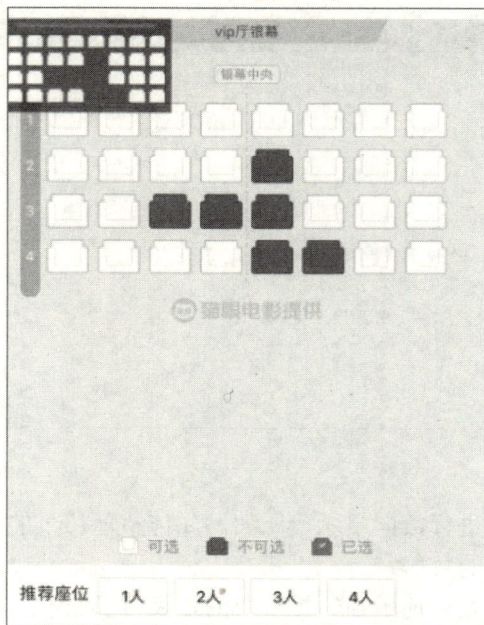

图 5.2.34

2．系统权限与参数设置

　　预约系统属于 IT 集成的后端系统，与其他 ERP 系统类似，都需要考虑系统权限与参数设置，需要先考虑一些现实的角色，再来设计权限。比如，客服、店长、医生在整个系统中的角色不同，使用的功能模块也不同，因此权限的配置需要产品经理多向线下服务方调研。

　　参数设置会影响预约系统中用户的预约功能权限、运营端对系统的控制管理权限，常见的全局设置以时间、公用模块（如即时通信、消息盒子）为主。

　　公用模块是系统中每个人都需要使用的功能，但不同角色需要的数据权限可能是不同的。例如，在预约系统中，前台人员不需要对系统进行设置，但需要查看每天的到访和预约报表，而管理人员需要查看每天的报表和每天每个前台人员接待的情况。前台人员和管理人员使用的权限相同，但是查看数据的权限却不同。

　　常见的后台系统设置参数是面向每一个功能的，例如管理店员上班排班系统。我们可以设置参数增加排班的名称，可以命名为早班、中班、晚班，运营管理人员是需要设置这些班次的，但是店长只需要编辑排班计划。如图 5.2.35 所示，排班人员是不需要对部门进行配置的，在前期运营人员已经配置好了公司架构。

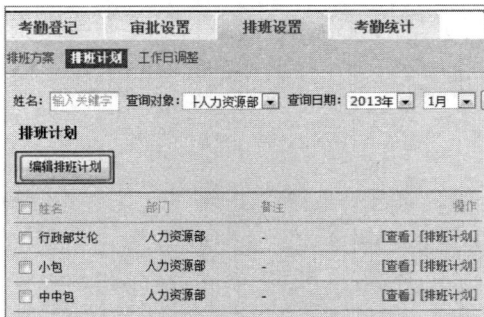

图 5.2.35

5.2.6　UGC 社区后台设计案例

社区产品有展示公司业务和承载用户内容的功能。我曾经负责过产品中的社区模块，如何有效地避免社区出现"脏乱差"、小广告、不活跃等现象是设计难点，但是一个好的社区后台管理模块有助于降低上述情况发生的概率。

除了运营层面的作用外，社区后台管理模块还有以下 3 个作用。

1．动态管理

用户在社区中产生的动态称为 Feed。很多 Feed 组成了 Feed 流。

动态是用户参与到社区中的唯一方式。在 Keep 产品社区中，动态以瀑布流的形式展现。图 5.2.36 为 Feed 流的原型稿。

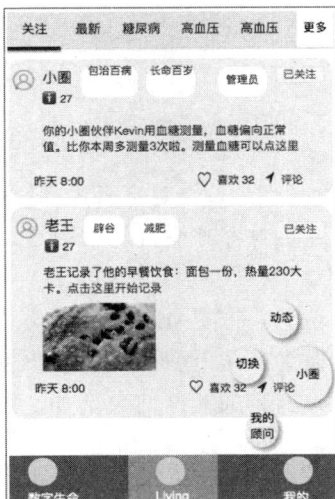

图 5.2.36

产品经理需要考虑如何高效地在后台对每一条、每一个栏目、每一个人的消息都进行管理，图5.2.37所示为一个典型的社区后台管理模块。

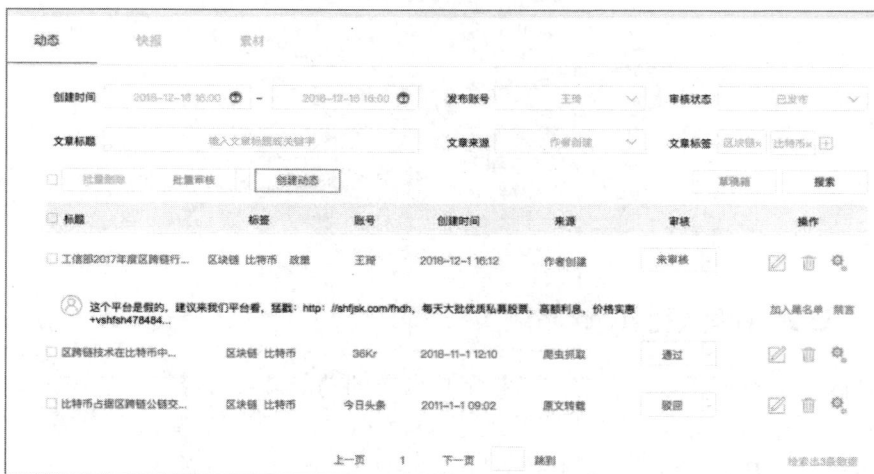

图5.2.37

在后台中，产品经理要保证每个动态都可以被删除，可以对用户进行拉黑、禁言处理，要及时找到黑名单用户与垃圾动态。产品经理要从以下几点管理消息动态：

（1）异常用户。

（2）垃圾消息。

（3）创建马甲消息。

（4）筛选消息。

2. 栏目创建

不管是App还是Web社区产品，一定会有最新、热门、推荐3个栏目，在这3个栏目之后还可以再加上定向内容的栏目，如图5.2.38所示为定向内容栏目的标签。

栏目的作用是承载广告业务、产品业务、用户喜好。将用户喜欢的内容聚集在一起，可以给用户圈子的概念。从0到1的社区产品的栏目一开始不要设置得太多。栏目的增加一定会导致内容成几何倍数增加，图5.2.39所示为栏目的设置后台界面。

图 5.2.38

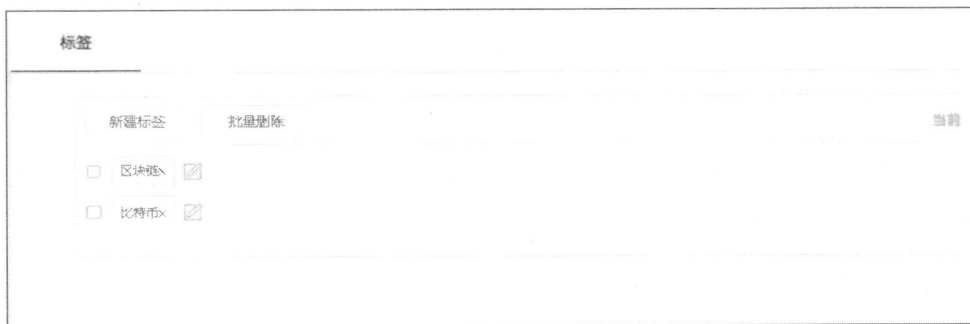

图 5.2.39

在后台中添加栏目，可以让每个动态都有栏目归属。有归属栏目的动态聚集在一起，可以让用户更能找到自己的兴趣，这就形成了上面说的"圈子"。当然在冷启动阶段，产品经理要不断地调整栏目名称，让栏目在创建时候就是一个用户喜欢的栏目，以保证在社区群体中有一定比例的用户存在于该栏目中。

3．马甲动态

在动态管理中，我们说过动态管理后台可以支持人工创建，马甲正是这样的功能模块。要注意的是，要以真实用户为基础设计动态的后台设置页面。比如，用户的话题、用户的头像，都需要内容运营人员不断地填充，图 5.2.40 所示为马甲动态的输入框。

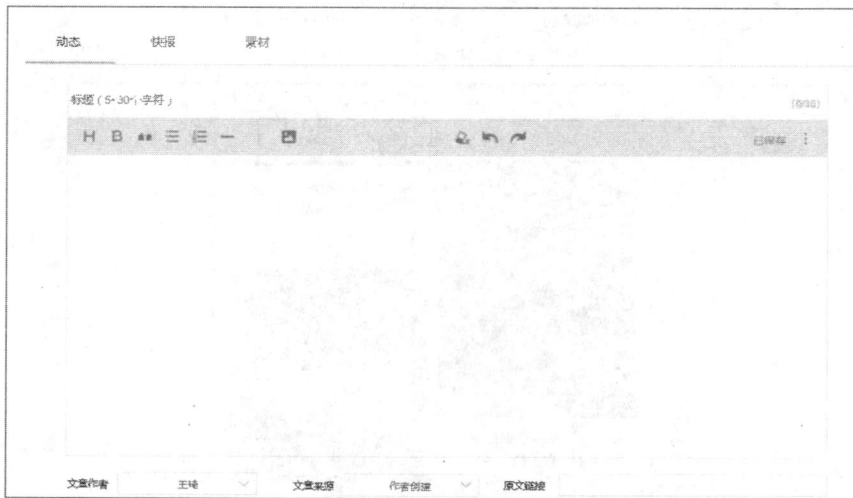

图 5.2.40

　　根据社区中存在的内容类型，我们可以依次创建不同的内容。例如，如果社区涵盖说说、文章、提问，那么马甲账户要依次创建对应的内容，以保证在冷启动中，社区的内容能够留住用户。

　　最后要说的是，社区产品的设计不仅要设计后台，运营方法、社区定位都是社区"活"与"不活"的基础。

5.2.7　广告系统设计案例

　　我曾经负责过广告系统的产品设计落地，下面汇总了广告系统的需求调研、产品设计、开发、协助测试、最终上线。

　　广告系统由运营人员操作，在前端展现给用户。以 MVP 版本（即最小版本）的广告系统为例，以下几点是需要解决的：

　　（1）展示广告内容。

　　（2）引流推荐内容。

　　（3）增加全局广告位置。

　　（4）满足运营基本需求。

　　对于上面的第四点来说，运营的基本需求就比较模糊了。对于不同的企业和业务来说，其运营的需求也不同。在社区产品中，运营的需求以内容运营、产品运营为主。图 5.2.41 是一个广告系统的后台配置页面，我们可以看到 MVP 版本的广告系统不考虑数据检测、算法设计，产品设计是非常标准的。

图 5.2.41

　　广告系统产品设计的一个难点是交互设计表达，解决办法有两个：原型做的页面交互细腻、需求文档描述清晰。

　　PC 端广告系统在不涉及算法（比如推荐系统）、数据预警的条件限制场景下，内容自动分发的基本交互效果有轮播（如图 5.2.42 所示）、左右滑动（如图 5.2.43 所示）、渐变等。

图 5.2.42

图 5.2.43

　　上面列举的两个效果是 PC 端常见的交互效果。

　　新产品经理在这里容易犯的错误是 Banner 的交互表述过于简单。有的时候产品经理可能会有以下想法："其他产品好像也是这样做的，所以我这样做是对的"，然后就会将某些细节描述或交互效果取消，结果导致广告的转化效果很差。

在广告系统设计中，我们还以 Banner 为例，在后台上传时一定要让设计师设计 Banner 的尺寸。后台人员在操作的时候一定要有相应的提示文案，如图 5.2.44 所示。

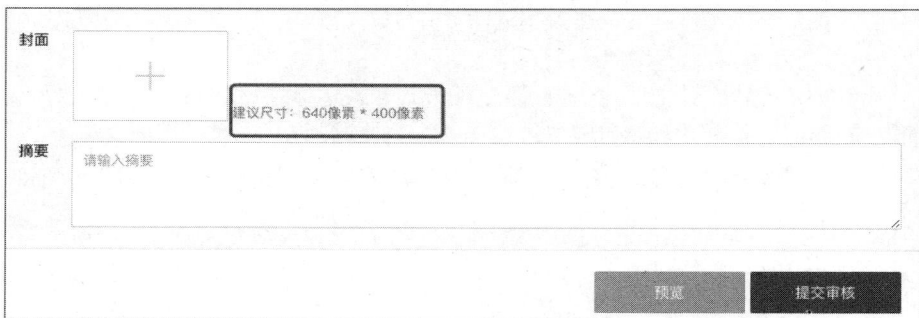

图 5.2.44

在图 5.2.44 所示的广告管理界面中，我们在后台上传 Banner 后可以预览，新产品经理容易犯不考虑预览效果的错误。如果在这个案例中我们将预览图的尺寸做得非常小，那么运营人员只有在发布后才能感知到图片是否变形。

图 5.2.45 所示的上传设置，可以减少图片变形与顺序错误。

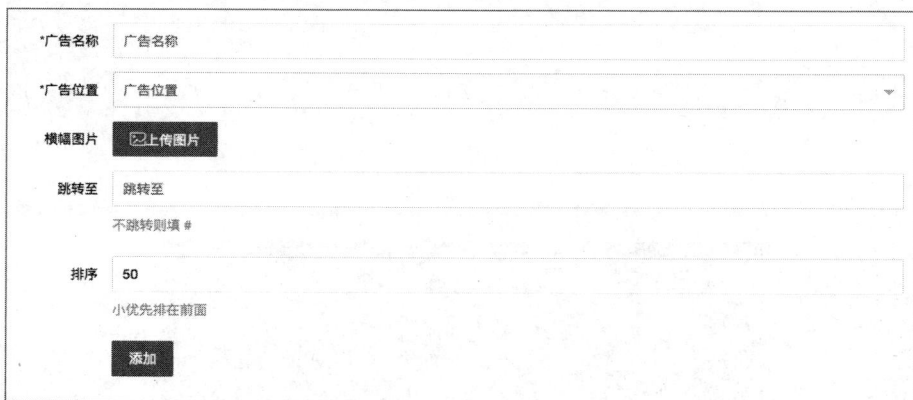

图 5.2.45

在设计 MVP 版本的广告系统之前，产品经理首先要将广告系统全部的需求优先级排列出来，然后优先解决广告展示的问题。在大部分 1.0 版本中，我们通常用一个 Banner 或几个广告位解决广告系统的第一版本需求，其他需求就依次在以后迭代，但是"以后再慢慢迭代，我们这次先不做这么多需求"这句话是让产品经理非常尴尬的，因为随着公司业务的发展，其他需求可能再也排不上了，被遗漏在冰冷的需求池中。